JN172994

福祉文化の協奏

増子勝義 著

北樹出版

はじめに

　本書で用いる「福祉文化」は、おそらく後に詳しく述べることになろうが、厚生労働省の使用する意味とはまったく異なっている。

　どちらかといえば、岡本栄一の「一人ひとりの人間としての人権と自己実現が保障される優しさの文化」（岡本、1995）に近い。ただし、本書の場合、これにクオリティ・オブ・ライフ（Quality of Life＝以下QOL）が加わることになろう。すなわち、「一人ひとりの人間としての人権とQOL、自己実現が保障されるやさしさの文化」である。要点だけ述べれば、人権と自己実現の間を埋めるものがQOLだということになる。

　言い換えれば、「福祉文化」とは、「それぞれの文化圏において、福祉の思想がすみずみまで広くゆきとどいた生活のあり様」をさす。この著作の全体を通して、そうしたあり様をしつこく描ききることとなろう。だから、よくあるように福祉と一文化要素の関係をとらえて満足するものではない。それよりも、利他主義（altruism）やヴォランタリズム（voluntaryism）に基づいた行為をよしとする。

　こうしたことから、「第1章　福祉文化研究の方法」、「第2章　『福祉文化』再考」、「第3章　援助者の価値形成」、「第4章　コミュニケーションと共感」、「第5章　障がいとソーシャル・インクルージョン」「第6章　高齢社会と介護文化」、「第7章　クオリティ・オブ・ライフと福祉文化の概念」「第8章　ソーシャルワークの比較文化論」、「第9章　看取りの文化」、「第10章　論文の書き方と調査法」の10章立てとし、それぞれ別の領域から福祉文化を扱っていくとともに、福祉を志す学生に文化の視点からそれをどう学んでいくのかを示したい。

　さらに言い換えれば、「人びとはどのようにして他者と共に生きることに価値をおいた生活を営んでいるか？」に焦点をあてた論述になる。したがって、

このことから本書では制度の枠をはるかに超えて成立する人びと一人ひとりのサポートマインドから、集合行動、ティームアプローチ、全体社会の福祉文化にまでせまることとなる。

　そのサポートマインドを表す言葉として、筆者は、私たちが対象とする人たちを「ゲスト」と呼ぶこととしたい。福祉と保健医療従事者のなかには、さまざまな対象者の呼び方がある。当事者、クライエント（client）、患者（patient）、消費者（consumer）、入居者（resident）などがそれである。しかし、ここでは相手への思いやりやホスピタリティを表す言葉として、臨床パストラル教育研究センターに倣って、この呼び方をするのである。福祉・医療の現場のみならず、教育の現場でも共通に使えて便利である。

　勘の鋭い方はすでにお気づきだろうが、筆者の発想は、これまでの研究の背景から、いわゆるターミナルな場面のケアに偏る傾向がある。しかも、ケアギヴァーというよりはゲスト側の視点に近い。より正確には、ゲストの家族としての経験であり、これからはだんだんとゲスト自身、すなわち、ケアレシーバーになっていくのである。そして、本書は、前著の『福祉文化の創造』をもとに大幅に加筆修正したものであるが、大学での学習をどのようにはじめて、深めていくかを、なるべく一般学生にもわかるよう解説したつもりである。

　いたって個人的な理由による本書の執筆の大幅な遅れを温かく見守ってくださった北樹出版のみなさんに感謝したい。

2017年4月吉日

増子　勝義

目　　次

福祉文化の協奏

福祉文化研究の方法

　本章では、福祉とは何かにはじまる原論的思考から、福祉文化研究への
アプローチ法、そして、研究の視点から体験学習にいたるまでを丁寧に解
説する。すなわち、総合的な視点から、これからどのように勉強を進めて
いくかについてのヒントを提示する。

■ 第1節 ┃ 福祉とは何か？

　「福祉」という言葉の意味を分解してみたい。日本語大辞典（1989、講談社）
によると「①さいわい。幸福。happiness ②人々が幸福で安定した暮らしがで
きる環境。また、その実現のための施策 welfare」と書かれている。「福」は
幸せ、「祉」も幸せなので、「福祉」の意味は、「幸せ」そのものだということ
になる。そうはいっても、本書の究極の目的は、さまざまな領域での福祉文化
のあり方であるから、まず、社会福祉と福祉文化の関係から述べなくてはなら
ないだろう。

　社会福祉について少し述べる。「福祉」に社会が付くとどうなるのか？　み
んなの幸せということになる。みんなの幸せというときの社会福祉とは、難し
い言葉でいうと普遍的福祉概念をさしている。つまり、全体社会の全員にいき
わたり、一人も漏れ落ちることのないセーフティネットのことである。

　さらに、定義については「社会保障、保健衛生、労働、教育、住宅等の生活
関連の公共政策を包括した概念」（岡村重夫）を採用したい。したがって、対象
は、全国民であり、また、その範囲も生活関連の社会サービスのすべてであ
る。この見解には批判もあり、日本の福祉の実情は、どちらかというと以下の

定義に近い。国際連合「社会福祉教育に関する第5回国際調査報告書」における「社会福祉とは、個人、集団、地域社会および諸制度と全体社会のレベルにおいて、社会人としての機能や社会関係の改善を目的とした個人の福祉（personal welfare）増進のための社会的諸サービスと側面的援助（enabling process）である」というものである。これをさらに平易に言い換えると、「すべての人びとが自立しうるような環境を整えること」であり、「人類全体の自立の援助」、すなわち、Help to self-help というフレーズで表現される。「自立」というと、さまざまな定義・解釈があり、議論もあるところだ。また、医療関係者の間では、「自律」の表記の方が、好まれる。「寝たきり」の際の**自己決定**というニュアンスもあるからである。そして、自己決定には、つねに自己責任がともなうことを付け加えておきたい。

　日本では、この概念は日本国憲法13条と25条に依拠している。ちなみに25条は、一般に生存権といわれるもので、「すべて国民は、健康で文化的な最低限度の生活を営む権利を有する」。「国は、すべての生活部面について、社会福祉、社会保障及び公衆衛生の向上及び増進に努めなければならない」というものである。

　また、憲法13条とは、いわゆる幸福追求権であり「すべて国民は、個人として尊重される。生命、自由および幸福追求に対する国民の権利については、公共の福祉に反しない限り、立法その他の国政の上で、最大の尊重を必要とする」というものである。私たちは、この憲法に守られてそれぞれが生業を営んでいるといっても過言ではない。

　これらから、日本国民は、何らかの理由で生活が破たんした場合の最低限度の生活水準維持という権利とそれぞれが幸福を追求する権利をもっていることになり、この意味で国家が国民を守っていることの程度が問われる。

　しかし、実際には、弱い立場（いわゆる「社会的弱者」）にある人への援助・支援が主であり、「公的扶助やサービスによる生活の安定、充実」（広辞苑）という解釈が一般的である。したがって、日本では理想としては普遍主義的社会福祉を標榜し、実際は選別主義的に公的扶助や社会福祉サービスが提供されるの

である。「弱い立場にある人」との特徴とは、1）傷つきやすく（vulnerable）、2）少数派（minority）であるということだ[1]。ただし、「傷つきやすい」ということは人それぞれであり、それぞれが別のスイッチをもっている。そして、ある状況において著しく不利な立場にあるのは、この社会でたった一人かもしれない。そういった人たちはどうなるのか？　もちろん、時と場合によることはいうまでもない。しかし、本書が福祉文化に関する本である以上、一定の指針が必要であろう。

■■ 第2節 ┃ 社会福祉へのアプローチ

　人として福祉について考えるとき、つねにあるべき視点とはゲストの視点である。すなわち、いつ何どき自分もまた要支援者になるかわからないということと同時に、人間社会は相互作用、助け合い、与え合いで成立するのであるから、そういった意味ではすでにゲスト（当事者）なのである。当事者と「一般市民」の視点の違いは、後者の無理解にある。矛盾を感じられる向きもあろうが、無理解のうえの中立性が一方にあれば、他方に差別・偏見・虐待がある。ゲストや専門家としては、福祉充実化への強い希求心と、運動を内包する。そして、専門家の視点というのは、いわゆるプロフェッションとしてのものの見方であるが、福祉従事者というだけではなく、インフォーマルなケアギヴァー等も含んだ広い意味で使っている。そして、専門家や研究者がもつ必要のある視点とは、客観性に基づいていなくてはならないだろう。そして、すべての視点をバランスよく合わせもてるようにし、時と場合によって使い分けられることが望ましい（図1－1）。

　しかし、どのような立場に

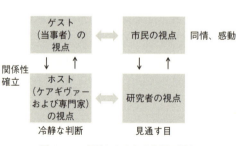

図1－1　福祉にかかわる人間の視点

あるにしろ、もつべきは「共生」ということへの強い意識である。繰り返しになるが、それには、第2章の「福祉文化」再考で述べる「多様性の認識」が不可欠である。平易な言葉でいい換えると、「この世界には、一人として同じ人がいないのだから、それぞれの個性を認め、平等を意識しつつ共に生きる姿勢」が必要なのである。結論から先にいえば、こうした姿勢こそが、後に述べる「福祉文化の協奏」につながるのだ。いい換えるなら、協奏とは、お互いを大切にする人たちの心と心の共鳴なのである。

　ここまで読まれたなかで、多くの人が気づかれたと思うが、「福祉文化」を知るには、社会福祉自体について明確な認識がなくてはならない。そして、社会福祉自体を知るには、まず、われわれがおかれた社会についての強い興味が必要であろう。

　それは、必ずしも学問的興味である必要はないが、新入生であれば、まず以下のことから始めたい。

1．身内と語ろう！──福祉問題への目覚め

　まず、どんなかたちにしろ、福祉に触れてみよう。ヴォランティアをすることもいいが、学生のみなさんは若いから、自分の祖父母の4人のうちすべての人と死別している人は少ないはずである。ましてや長寿社会である。加えて、少子化とはいえ、年上のきょうだいが結婚していて、おいやめいのいる人もいるだろう。

　そういった場合、自分の祖父母には加齢（Ageing）にまつわる生活不安を、年上のきょうだいには子育ての悩みについて聞いてみてはどうだろう。どこかで聞いたフレーズの逆であるが、「遠くの他人より、近くの身内」である。あるいは、実際におじいちゃんやおばあちゃんの介護をしたり、病院への送迎をしたり、おいやめいと留守番（ベビーシッター）をしたりという経験があるかもしれない。これこそ、はじめての福祉体験である。こういった日常体験を大切にしたい。

２．本を読もう！──勉強開始

　もし、読者が社会福祉のなかのあることに興味があり、将来その分野に進もうと考えているとする。そうしたとき、書店なり図書館なりでその分野の本のおいてあるところに足が向くはずである。はじめは、手当たり次第でかまわない。とにかく読むことが大切である。そのうち、興味ある分野や方向性が見えてくるはずである。

　教員は、各分野で本当に重要と思われる数冊を勧めたり、学生が読みたいという本を貸す（返ってこないこともあるが）ことおよびそれに若干のコメントを付け加えるだけである。

　最近、若者が本を読まなくなったなかにあって、たくさん本を読む学生は頼もしいし、そうすることが本人にとって思わぬ展開となって拡がりをもたせてくるかもしれないのである。

３．ヴォランティア活動をしよう！──入り込む

　そして、ヴォランティア活動をしよう。勉強を進めていけば、この社会（多くの欧米社会）は、ヴォランティアで成り立っている部分が大きいことに気づくはずである。日本でも、阪神淡路大震災のとき（1995年）は、ヴォランティア元年といわれた。

　ヴォランティアについては、さまざまな考えがあり、そのための授業もあるくらいであるが、学生のヴォランティアで困るのは、無責任で厳密にやらないことと、長くつづかないことである。強迫観念に駆られてあわててサークル等に入るのではなく、ある程度生活のリズムができてからはじめるのが長続きするコツである（また、ヴォランティアであるから「ドタキャン」もかまわないと考える人のために、岡沢憲芙の次の言葉を引用しておきたい[2]）。……「ヴォランティアの温かい心と善意・気まぐれに期待するか、冷たい機械的処理と画一的扱いに委ねるか。だが、必要なとき、必要なサービスが確実に受けられるのは後者である」。

4．訪問しよう！——問題意識をもつ

　学生のなかには、ヴォランティアとは別に児童施設や障がい者施設、あるいは老人施設を訪問したがる人たちがいる。そうしたときは、必ず自分の問題意識を確認したい。海外の視察旅行を含めて、もともと目には見えない価値を求めていくものだから、問題意識がなければ何も見えず、訪問の意味がない。写真を撮るだけのような訪問になってしまう。そして、訪問の目的をはっきりさせて申し込まなければ、希望先が受け入れてくれることもないだろう。

　そして、訪問は少人数の方がよい。無神経に大人数でいった場合、訪問先の業務を邪魔することは間違いない。そこまでしてもどうしてもという強い気持ちのない人は、安易な訪問と海外視察はやめた方がよいであろう。

5．調査をしてまとめよう！

　レポートをまとめたり卒論を書いたりというときには、本格的な調査なり観察なり、体系的な研究が必要である。

　科学的な情報の処理とは、以下のような過程をとるであろう。

　すなわち、まずある情報を取り入れて、思考レベルで何かを明らかにしようとする必要が生じる。何を知りたいかである（図1－2の①）。そうすると今度は、その問題にどうアプローチするか、どこで何をどう調べるかを考えなくてはならない（同②）。

　ここまでで集まった情報は、記録・整理され、仮説発想のための材料となる。ここで仮説というのは、ある事柄について仮に考えた法則であり、具体的には概念間の関連のことである。複数の概念間には、いくつかの関連性が発想されるが、最初にどの仮説を採用して、調査、実験するかが採択される。そして、ある仮説を採用すれば、これはこうなるはずだという推論が成り立つ。

```
①情報収集―保存―利用 ←
②仮説の設定（発想と推論）
③観察、調査や実験          （客観性）
④仮説の検証
⑤理論化（まとめと問題の再提起）
```

図1－2　科学的研究のながれ

そこで次に、その仮説が正しいかどうか、調査なり実験なりが行われる運びとなるが、福祉という分野においては、現場での直接観察やアンケート、インタビューによるデータ収集が主となる（同③、詳しくは第10章を参照のこと）。

　そして、再び集まったデータに基づき、仮説が成立するかどうか検証がなされ（④）、一応の結論に達する（⑤）。しかし、これで終わりではなく、新たな問題が生じ、①に戻ることを何度も繰り返すのが科学的営みといえるだろう。いやしくも、卒論を書くのであれば、①〜⑤までの過程がわかるように書かれたものであることは、最低でもクリアすべき必要条件である。

 学習を深めるための本

1．武川正吾（2011）『福祉社会包摂の社会政策［新版］』有斐閣
2．ブルーム：セルズニック＆ブルーム、今田高俊監訳（1988）『社会学──学生版』ハーベスト社
3．ボーンシュテッド, G.W. ＆ノーキ, D、海野道郎監訳（1990）『社会統計学』ハーベスト社

「福祉文化」再考

この章では、福祉文化の概念にアプローチするための考え方を示している。その際、文化人類学という学問の成果を大いに参考にしている。

■ 第1節 ┃ 文化と福祉文化

　筆者の大学[(1)] の福祉文化学科（現、福祉総合学部）は、1996年4月に開校した。そのときの筆者の「福祉文化」についての把握はどんなものであったかを披露する。

　学科が開かれる前の1994年には、以下のようなメモ書きをしている。

　　……『文化』とは、人間の生活すべての様式であり、内容である。そして、『福祉』をこのように「求められるべき生の価値目標」として一般化して考えるなら、『福祉文化』の意味も自ずと明らかになる。『価値』と『文化』とは、相互規定的関係にあり、福祉においても文化においても、『価値』とは『望ましいことについての共有された観念』であるという共通性を持つ。この意味では、福祉という視点から文化を考えるとは、福祉の問題を広く文化的価値への志向性において創造的に捉え直すことであり、反対に文化という視点から福祉について考察するとは、様々な分野における文化の問題を福祉と関連させ、そこに新たな課題と価値とを発見していくことにほかならない。

　このときは、「福祉」という概念と「文化」という概念をどのようにつないで「福祉文化」としようかということに腐心していた。しかし、福祉と諸文化

の関係を問いつつ、福祉と文化をどうつなぎ合わせようと福祉文化にはならない。「人びとの幸福ということに志向した生活様式」といってみてもほとんど何も説明しないのだ。あえていうなら、両者の浸透関係が福祉文化なのである。

このことからぜひ次のことを述べておきたいと思う。

→①「福祉文化」は、たんに「福祉」と「文化」を合わせた以上の独自の意味をもつ。

しかし、こういってしまうと、余計に事態を難しくする。人類学者の数だけ文化概念が存在するのと同様に、福祉文化を学ぼうとする人の数だけ「福祉文化概念」がありそうである[2]。

そして「独自の意味」とは、足し算ではない創発的な意味が生じてくるということである。

■■ 第2節 ‖ 文化論からみた「福祉文化」

筆者が約20年前に書いた『福祉文化の研究』の一節を読み直してみた。結論からいうと、筆者は文化人類学でいう「生活様式としての文化」にこだわりすぎていた。当時、眠い目をこすりながら書いたのでひどいものだが、筆者の苦闘だけは読み取っていただけると思うので、そのまま引用する。

いくつかの文化概念を見ておこう。これは、文化人類学者の独壇場である。タイラーによると、「文化もしくは文明とは、その広い民族誌的な意味においては、知識、信仰、芸術、道徳、法律、慣習その他およそ人間が社会の成員獲得した能力や習性の複合的全体である」これは、記述的定義といわれる。

ハースコビッツは、「文化とは、人びとの生活様式のことであり、社会とは一定の生活様式に従う個々人の組織化された集まりのことである。より単純化していえば、社会は人びとからなるが、これらの人びとの振る舞いの様式が彼らの文化なのである」とする。これは、規範的側面におもに着目した定義である。

また、ピディングトンによると、「人間の文化とは、それによって人びとが生物学的・社会的欲求を満たし、彼らの環境へ適応する物質的・知的装置の総体と定義しえよう」これは、心理学的定義といわれる。

　これら 3 つの定義と福祉の関連を考えることとする。まず、タイラーの文化定義によると文化は、人間の能力や習性の複合的全体であるから、「福祉は協働する習性である」と考えれば、一文化要素になるかもしれない。

　ハースコビッツによれば、文化は「生活様式」である。福祉を「生活問題が生じた場合の復帰機能」と捉えれば、これも文化コードのなかに組み込まれることとなる。

　さらに、文化を「環境適応のための物質的・知的装置」ととると、福祉は人間全体の物的、心理的、社会的適応の問題だから、「文化」そのものだということになる（一番ヶ瀬 1997）。もっと単純に考えても、すべての人の生活問題としての福祉を生活様式としての文化のレベルで考えなくてはならない時機が来ているということであろう[3]。

　これまで筆者が、福祉文化の概念をとらえ損ねていた原因の 1 つは、「生活様式としての文化」にとらわれるあまり、いたずらに同語反復をしていたからである。すなわち、端的に「生活問題の解決」ということと「生活様式」をならべてもあまり意味を成さないのである。しかし、上記引用の最後の段落で述べてあるように、別の文化定義に依拠しようとする志向はあったのである。

■■ 第 3 節 ┃ もう 1 つの文化の定義からみた「福祉文化」

　弘文堂の『文化人類学事典』を引くと、文化の定義は 4 つの系列に分かれる。すなわち、①包括的なとらえ方、②自然環境に対する適応過程、③観念体系、④象徴体系という系列である[4]。

　それらのなかで、「文化とは特定の集団のメンバーによって学習され、共有された自明でかつきわめて影響力のある認識の仕方と規則の体系」というジェームズ・ピーコック（『人類学と人類学者』）の定義に基づくと「福祉文化」

の意義はどうなるだろうか？

　以下は、文化人類学者の太田好信が文化概念を説明している著書からの抜粋である[5]。太田は、このピーコックの定義を以下の４つの要素に分解している。

　①　文化は、社会の構成員によって学習される。
　②　文化は（自明であるがゆえに）暗黙の了解事項である。
　③　（特定集団は数多く存在するので）文化も（概念として）複数扱いされる。
　④　文化は認識の仕方・規則の体系である。

　ここで、この４項目の「文化」を「福祉文化」におき換えてみたい。ただし、本論では、福祉文化の１つ目の要素はすでに提示しているので、②から始め、順送りにしたい。

　②　福祉文化は、社会の構成員によって学習される。
　③　福祉文化は（自明であるがゆえに）福祉に関する暗黙の了解事項である。
　④　（特定集団は数多く存在するので）福祉文化も（概念として）複数扱いされる。
　⑤　福祉文化は認識の仕方・規則の体系である。

　②については、福祉文化というものを人類文化に対しての部分文化であるとみなせば、福祉文化についても成立する仮定である。③は、文化は、生活それ自体のなかに溶け込んでいるがゆえに正しい仮定である。福祉に対する暗黙の了解事項とは、「弱い立場の人や困っている人には、人びとや社会が手を差し伸べる必要がある」というような規範である。④に関連して、１つ付け加えておきたいことがある。それは、文化相対主義的観点である。すなわち、「あらゆる社会に共通する単一の価値尺度というものは存在しないのであり、人間の諸経験のもつ正しい解釈は、それを経験する人々の文化的背景・行動の全体的な準拠枠、他の慣行や社会規範に対してしか行えない。なぜなら、それらの諸要因が人間の知覚や価値判断に大きな影響を及ぼすからである」（江渕一公）とし、人間文化の多様性＝異質性の認知・容認を基礎とする考え方である。

　さかのぼれば、フランツ・ボアズという文化人類学者が文化相対主義の旗手であった。1883年、カナダ北岸にあるバフィン島というところでフィールド

ワークを行った。25歳のボアズは、いわゆる未開人の社会では、空腹や苦労をすべての成員が分かち合い、誰かが獲物をもち帰れば平等に分配し、みなが喜ぶ姿に感動した。そして「西欧の文明社会が彼らのような未開社会より優れているといえようか？」という疑問をもつようになる。西欧社会のどこにもこのような善意を見出せないから、西欧人のように「よい教育を受けたもの」は、「ある意味では彼らより劣った生活をしていることになる」といった結論にいたる。

こうしてボアズは、上記の文章が示すように「世界の諸社会はヨーロッパの価値観を頂点として、階層化されるものではなく、それらは等しく価値のあるものだ」という文化相対主義を身に付けるようになった。

これらからは、以下のとらえ方がでてくる。

→③　文化概念を「生活様式」というより、むしろ「認識の仕方・コード（規則）の体系」と考える。

→④　福祉文化は、（概念として）複数扱いされる。すなわち、多様性がある。

→⑤　世界中の多様な福祉文化はすべて対等である。

■ 第4節 ‖ 福祉文化概念の構成要素

もう一度、筆者の著書に戻らせていただく。

……それでは、最終的に、「福祉文化」とは何なのか？　ここでは、とりあえず、「一人ひとりの人間としての人権と自己実現が保障される優しさの文化」[6]としておこう。この定義によると、福祉文化とは、「文化」概念によって「福祉」概念のもつイデオロギー性を薄めたものでも、「福祉」と「文化」でもない。ノーマライゼーションの理念が狭義の福祉領域ばかりでなく、労働、教育、住宅、交通などの領域に浸透した社会の福祉化を基礎としたものである。つまり、「福祉がその国あるいは地域の文化として、しっかりと人びとの生活のなかに根づいている状態」をさし、人びとのなかに、実際にその状態に向かいつつあるという実感があってはじめて成立するものと考えることがで

きるであろう。言葉は悪いが、個人におけるクオリティ・オブ・ライフと同様、「福祉のレベルアップを前提とした社会システムの目的概念」である。

したがって、われわれが問題にするのは、憲法25条にいうところの「最低限度の生活」保障を基礎におく福祉（Welfare）ではなく、すべての人のQOLを「いつでも、どこでも」最高に維持しうるような福祉（Well-being）である。

「福祉の文化化」とは、そういった福祉水準の上昇ベクトルと普及度にかかわるといってよいであろう。そうでないと「福祉文化」とは、呼べない。この「福祉文化」の土壌があってはじめて人間らしい生活（QOL）を送る権利（＝人権）が保障され、自己実現を志向しうる温かな「福祉社会」が形成されるのである。さらに、「文化の福祉化」とは、この現象に逆方向から光を当てたもので「共同性や共生意識に基づいた社会生活のインクルージョン化」と考えてよいだろう。

すなわち、「福祉文化」という述語で大切なのは、人びとが暮らす地域社会のなかで、人権とQOLが尊重され、それぞれの人間の自己実現に向けた活動が自由に展開されるようなソーシャル・インクルージョンが「創造的」課題として浮き上がってくることである。

したがって、以下の3つのことがいえる。

→⑥　文化の「認識の仕方・コード（規則）の体系」は、人びとの幸福や自己実現に方向づけられたときはじめて「福祉文化」としての意味をもつ。

→⑦　福祉文化が「人びとの幸福のための共同生活にまつわるコードの体系」であるとすれば、人類普遍のコードと諸地域個別のコードがある。

→⑧　福祉文化は、目的概念である。

このように、福祉文化は、文化概念と整合する。そして、逆説的にいうと、ゆるい諒解事項ということで済ませるのであれば、「福祉文化」は、私たちの福祉哲学を示す「ことば」として広く使えるのである。

最後になるが、一番ヶ瀬のいう「福祉の文化化」と「文化の福祉化」については、図2－1のように考えたい。人びとの生活を、こちらから見た場合とあ

ちらから見た場合である。したがって、

→⑨「福祉の文化化」と「文化の福祉化」は、福祉と文化の合一を目ざす創造的運動の表裏をなす。

……という言明を、付け加えさせていただく。この図では、一方向の動きしか示されていないように感じられるだろうが、文化コードのなかに福祉の思想が根づくことを視覚的に表すとこうなるのである。

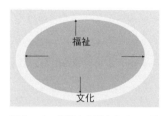

図2−1　福祉文化概念のイメージ

■■ 第5節 ‖ やさしさの作法

最後にあと一言だけ付け加えるとすれば、福祉文化は、……

→⑩　その民族や地域での「やさしさの作法」である。

つまり、先の岡本定義にQOLを加え、さらに「優しさ」をひらがなにして、「福祉文化とは、一人ひとりの人権とQOL、そして自己実現が保障されるや̇さ̇し̇さ̇の文化である」といえるだろう[7]。

これまで提示した福祉文化についての筆者の覚書を再掲すると以下のようになる。

それは、以下の10の特徴をもつ。

---

① 「福祉文化」は、たんに「福祉」と「文化」を合わせた以上の独自の意味をもつ。

② 福祉文化は、社会の構成員によって学習される。

③ 文化概念を「生活様式」というより、むしろ「認識の仕方・コード（規則）の体系」と考える。

④ 福祉文化は、（概念として）複数扱いされる。すなわち、多様性がある。

⑤ 世界中の多様な福祉文化はすべて対等である。

⑥ 文化の「認識の仕方・コード（規則）の体系」は、人びとの幸福や自己実現

に方向づけられたときはじめて「福祉文化」としての意味をもつ。

⑦　福祉文化が「人びとの幸福のための共同生活にまつわるコードの体系」で
　あるとすれば、人類普遍のコードと諸地域個別のコードがある。

⑧　福祉文化は、目的概念である。

⑨　「福祉の文化化」と「文化の福祉化」は、福祉と文化の合一を目ざす創造的
　運動の表裏をなす。

⑩　福祉文化は、一定民族や地域の「やさしさの作法」である。

　ここでは、このような大きな枠組みだけを示しておくにとどめたい。

 学習を深めるための本

1．石川栄吉他編（1987）『文化人類学事典』弘文堂
2．一番ヶ瀬康子他編（1997）『福祉文化論』有斐閣
3．日本福祉文化学会（2004）『第14回日本福祉文化学会研究討論報告──福祉文化とは何
　か？』日本福祉文化学会
4．日本福祉文化学会（2005）『福祉文化研究』Vol.14、日本福祉文化学会
5．増子勝義（2000）『福祉文化の研究──入門から実践への視点』北樹出版

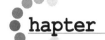

hapter

3

援助者の価値形成

本章では、スピリチュアルケアワーカーの養成を意識しつつ、援助者の価値形成のための考え方を提示する。1つには、援助者は、とくに末期のゲストに接する際、世界観、人間観、死生観、援助観などを問われる場合がある。そのような場面に対応できるよう、スピリチュアルケアに理解のある援助者を育てることが急務である。マザー・テレサがいっていたように、もっとも疎外されている人が「死にゆく人」であるし、これからの大量死時代には、そういった人たちへのケアが重要になってくると考えられるからである。

■■ 第1節 ┃ 援助者の価値観 (世界観、人間観、死生観)

読者の多くは、福祉職にしろ、医療職にしろ、援助職を目指しているはずである。援助職に就くには、覚悟と哲学がいる。「そんなことを突然いわれても」という若い読者も多いと思うが、これがないとそもそも就職できないか、就職できたとしてもつづかない。

ここに、筆者が臨床パストラル教育研究センター主催[1]のスピリチュアルケアの旅で出会った5つの問いがある。

1. あなたは誰ですか?
2. あなたは、どこからきましたか?
3. あなたは、どこへ行きますか?

4．あなたの大切なものは何ですか？
　　5．あなたの人生の目的は何ですか？

　タネ明かしする前に、読者のみなさんも一つひとつの問いに真剣に答えてみてほしい。なぜなら、これらの問いは、援助者の価値形成および態度形成に大いにかかわってくる深い問いだからである。

　まず、1の「あなたは誰ですか？」という問いは何を問うているのか？　最近、大学でも自分を差別化するために、自己紹介法などの授業をするところが増えつつあるが、ここで大事なのはこの問いで求められていることは何かということである。就活セミナーのように、一発で自分を相手に覚えてもらうためのものではなく、やや言葉は難しいが、自己の唯一無二性が問われているということである。名前をいうだけでは、なんとも物足りないばかりでなく、その人の唯一無二性が示せない。

　20年以上前のことになるが、まだ東京で分厚い電話帳が配られていた時代、珍しい名前であるはずの筆者と同姓同名が、23区内だけでなんと3人もいたのだ。したがって、ミュンヘンのホスピスで問われたときもこのことが頭をかすめた。この宇宙でというと大げさになるが、「この自分がこの世にたった一人しかいないことの証はないか？」ということをほんの数秒の間で見つけ出した。「そうだ！　私は、山寺診療所の第1号ベイビーだ」ということを聞かされていた。したがって、以下のような答えを用意したのだった。

　「19○○年10月2日、午後3時に山形県東南村山郡山寺村診療所の第1号ベイビーとしてこの世に生を受けた増子勝義というものです」。

　これが当時の筆者のベストアンサーだ。読者は、いい答えが見つかっただろうか？

　はじめから長くなってしまったが、この名前でさえも村長をしていた祖父の独断で変えられた結果とも聞いている。

　唯一無二性といえば、村上和夫・阿部博幸両氏の対談集（2004）のなかに、

生き物としてこの世に生まれてくる確率に関しての言及があるので紹介しておきたい[2]。

> 阿部：ゲノムは、塩基の数がアデニン、チミン、シトシン、グアニンの4種類しかないのに、それだけであらゆる生命体を作るんですから驚きですね。
>
> 村上：その4つの塩基が、人間の場合は30億並んでいます。最初に4通り、次にまた4通り、さらに4通り──と続いていきますから、その組み合わせは、4を30億回かけることになります。いくつになるか、暇な人は計算していただきたい（笑）。
>
> 要は、それだけの組み合わせがあるわけです。デタラメでは、人間が作れない。ある法則のもとで人間になる組み合わせがあるわけですが、人間になる確率を計算したら、ほとんどゼロです。あり得ないことが起こっているんです。
>
> 木村資生さんという有名な遺伝学者がおられますが、彼がおっしゃるには、生き物として生まれてくる確率は、一億円の宝くじに100万回連続して当たったのと同じだと言うのです。
>
> そんな奇跡的な確率で、私たちは生まれてきているのです。

人としてこの世に存在するだけで奇跡なのだとすると、この地球上の約70億人一人ひとりが、奇跡の存在だということになる。人間の尊厳をかぎりなく高く証明するものだ。

2番目と3番目の問い、「あなたは、どこからきましたか？」と「あなたは、どこへ行きますか？」についても、住所を聞いているのではない。

「あなたの原存在は、どこからきて、どこへ行こうとしているのか？」という問いなのだ！

この問いに答えるとき、ちょうど帯津先生の「300億年宇宙の旅」という話を思い出していた。帯津先生とは埼玉県川越市にある帯津記念病院の院長で、日本ホリスティック医療の権威、帯津良一先生のことだ。

「宇宙が誕生して150億年、その間約46億年前に地球ができ、40億年前、地球に生命が誕生して、われわれ人間になった。したがって、われわれは、片道

150億年かけてこの地球に降り立った。そして、死ぬとまた、150億年かけて虚空を一人で帰っていく。死は、故郷への帰り道の出発点だ」(3)。

帯津先生の主張は大体こうだ。帯津病院は、がんで緩和医療に入った方たちが多く入院し、この話に納得して死を受容する方もまた多くいるという。死後の部分はどうかわからないが、往路は科学的だといわれる。そして、現世も含んだ生命観は、以下のようになる。

　　ガン治療の現場で、多くの死にいく人を看取りながら、死後の世界の存在を確信していったのです。肉体は滅びるものとして、この生命場のポテンシャル・エネルギーは、どうなるのだろうかと、繰り返し考えたものです。

　　これは、物理学的な存在だから、生まれたり滅したりするものではない。とすると、このエネルギーはどこへ行くのだろう。

　　きっと、もといたところ、ふるさとに帰っていくにちがいない。ふるさとはどこだ、私の生命場のエネルギーは宇宙の誕生のときに、すでに存在していたのではないだろうか。宇宙がビッグバンかどうか知らないが、150億年前に生まれたとすれば、150億年前に虚空の片隅で生まれたのだ。そして150億年の旅を経て、たった1人で、この地球に降り立ったのだ。

　　長旅で、私の生命場のエネルギーは劣化しています。このままでは、ふるさとまで帰るには燃料不足というものです。そこで、地球上での数十年間、自らの努力で、生命場のエネルギーを高め、帰路の燃料を貯え、死によって肉体が潰えた後、私の生命場はふるさとへ帰っていくのではないでしょうか。

　　つまり、私たちは誰もが300億年の循環の中にあります。死も通過点にすぎません。いや、むしろ栄光の折り返し点と言ったほうがよいでしょう。

この問いの答えに対する解説もまた長くなってしまったが、お気づきのとおり、未熟な筆者は、「私は、宇宙のはじまったところからきて、宇宙の終わるところまで旅します」などといって、悦に入っていた。

しかし、自分がどこに行くかなんて、誰にもわからない。行きたいところはあるが……。そして、行きたいところへ行けるんだと信じるしかない。それ

が、生命観である。

そうだとしたら、死にゆくゲスト（the dying）に寄り添うときに必要なのは、「人には、それぞれ死生観があることへの尊重とそれがどんなものであっても受容する」ことである[4]。

援助者は自らの死生観をもたないと、自信をもって他者の死生観を受け入れられないのではないだろうか。いや、話は飛躍してしまうが、ターミナルな現場では「援助者は援助者であってはならない」ともいわれる。

そこでは、われわれは最期の別れを待つ一人の人間である。この意味では、援助者は死にゆくゲストの「家族」なのだ。

もう一度飛躍するが、がん医療では「家族は第2の患者である」といわれるが、上記のように自らも主体的に患者とかかわり、最期の別れに加わることは家族と同じ苦悩を背負うことでもある。しかし、援助者は現実に家族ではない。ここに、9章で述べるような、二人称でもあり、三人称でもある死を体験することとなる。そのことにどれだけ耐えうるのかが問われることになる。「燃え尽き」が話題になるのもこういった事情による。

4つ目の問いは、「あなたの大切なもの（こと、ひと）は、何ですか？」というもの。筆者は、迷いなく「妻」と答えた。当時まだ存命中だった母にこころのなかで「ごめん」とはいったが……。

最後の問いは、「あなたの人生の目的は何ですか？」というものである。これは、私たちの人生観に深くかかわる。すなわち、私たちの人生の意味づけを問う深い問いなのだ。

しかし、カッコつけて「他者の役に立つこと」といってみても、独りよがりだろうし、別に生まれたくて生まれてきたわけでもない。そして、学生には伝わりにくいが、ある歳になってしまえば、あちらの方がにぎやかだ。かといって「早くあちらに行くことです」といってみてもなおさら意味がない。

そこで、臨床パストラル教育研究センターの主宰、キッペス神父発案の「人生の目標についての作業」をしてみてほしい[5]。

人生の目標

　人生の目標にはいろいろあるが、下記の項目の中から今のあなたの気持ちに近いものがあったら、それらの番号に○をつけなさい。（いくつでも可）

1．有名になる
2．世の中のために貢献する
3．身近な人と平凡に暮らす
4．自分自身のことよりも、社会のためにすべてを捧げて暮らす
5．その日その日をのんびりと、くよくよしないで暮らし、
　　人生を自由に楽しむ
6．世の中の不正を押し退けて、どこまでも清く正しく暮らす
7．神に仕える
8．権力を得る（人の上に立つ）
9．自己を向上させる
10．お金や地位を得る
11．心にゆとりを持って生きる
12．他人に奉仕する
13．金や名誉などにとらわれないで生きる
14．自分の趣味に合った暮らし方をする
15．目標は特にない
16．その他

　上の問いのうち、1から14のどれかに○を付けた方に聞きます。これらの中で、あなたが最も重視している目標はどれですか。その番号を一つだけ以下に記入してください。□□□□□□

　記入が終わったら、記入しながらの心の動き（感想）を書いてください。

　　　　　　　　　　　　　　　　　　　　　年　　月　　日

上記は、実施時点でどれがよいというものではない。これは、私たちそれぞれがこうだというものをもっていればゲストに気後れせずに寄り添えるし、私たちのゲストもまたそれぞれが目的をもって生きているという認識をもてるというものだ。援助職に就くのであれば、その認識を充分にもっていてほしい。私たちも死にゆくものであることは間違いないのだし、そうなると、生きる意味というのは、ますますゲストのスピリチュアルな部分と関連してくる。

■■ 第2節 ‖ 死生観とスピリチュアリティ

　ここでは、死生観とスピリチュアリティについて、少し述べておこう。とくにターミナルな段階での援助や寄り添いには、自分自身の人間性を形成する重要な核としてのスピリチュアリティが問われるからである。先の帯津先生の「300億年宇宙の旅」とも関連してくるが、まず、死生観についての定義をしておきたい。生命倫理事典[6] によると、「人がこの世に生を受け、やがては死ぬという事実についての見解および態度」であるという。死生観を科学的にとらえようとすると、死生学になる。

　やや長いが引用すると、「死生学とは、thanatology から訳出された言葉であり、thanatos は、ギリシャ語で死を、logos は、学問を意味するので死学と訳されることもある。日本語で主に死生学と訳されるのは、死を探求することによって同時に生への態度を探求していくという考え方があるからである。このことからもわかるように、死生学は死を現象としてのみ扱うのではなく、人間を全人的に捉える学問である」[7] ということになる。

　死に対する態度とは、メメントモリ（memént mó ri）という言葉に象徴されるように、死をクールに身近に考えることが中心だ。

　そして、スピリチュアルとは、「人間として生きることに関連した経験的な一側面であり、身体感覚的な現象を超越して得た体験を表す言葉である。多くの人々にとって、生きていることがもつスピリチュアルな側面には宗教的な因子が含まれているが、スピリチュアルは、『宗教的』と同じ意味ではない。ス

ピリチュアルな因子は、身体的、心理的、社会的因子を包摂した人間の生の全体像を構成する一因としてみることができ、生きている意味や目的についての関心や懸念とかかわっていることが多い。とくに人生の終末に近づいた人にとっては、自らを許すこと、他の人々との価値の承認などと関連していることが多い」（WHO）とされる。

　他方、ホスピスケアの第一人者である山崎章郎（2014）[8] は、スピリチュアリティを「人生の危機に直面して生きる拠り所が揺れ動き、あるいは見失われてしまったとき、1）その危機状況で生きる力、希望を見出そうとして、自分の外の大きなもの、人間を超えたものに、新たな拠り所を求める機能のことであり＜宗教的ニーズ＞2）また、危機のなかで失われた生きる意味や、目的を自己の内面に新たに見つけだそうとする機能のことである＜内省ニーズ＞」の2つに分けている。

　筆者は、上記1）を、「実存的ニーズ」、2）を「自己実現ニーズ」と呼び換えることがある。仏教徒あるいは無宗教だからである。

■■ 第3節 ┃ スピリチュアルケア

　スピリチュアルについて述べたので、スピリチュアルケアについても触れておきたい。

　まず、先の山崎の話に戻るが、スピリチュアルケアというのは、「スピリチュアリティを適切に機能させるように支援すること」[9] であるとする。

　その結果、「新しい、生きる意味や目的、希望を見い出し、これまでの生き方や価値観を見直し、病気や死に翻弄されない自己を、探求するようになる（自己の存在と意味の回復）」という。そして、「生きる意味を見いだせないほどの人生の危機状況でも自己肯定できるようになる」のだともいう。

　やや難しいので、他の見方も紹介しよう。岡本拓也によれば、以下のようになる[10]。

・スピリチュアルケアの実践においては、まず第一に、「Doing」よりも「Being」です。「何を語るか、何をするか」ではなく、患者や家族から「どういう存在としてとらえられているか」ということが非常に大切です。
・スピリチュアルケアは、必ずしも特別なものではなく、すべてのケアの基盤をなすべきものであり、…「基盤なるスピリチュアルケア」と呼びます。「あなたは大切な存在です」という意識をもって、日常の当たり前のケアを丁寧に提供することこそが、スピリチュアルケアの根幹をなします。
・一方、ある方法をもって個別の患者に働きかけるケアを「個別的なスピリチュアルケア」と呼びます。個別的なスピリチュアルケアは、「基盤となるスピリチュアルケア」があって、はじめて意味をもつものです。

　スピリチュアルケアの実際についてごく簡単にまとめると、以下のようになる[(11)]。

---

1. ゲスト（苦悩者）がその苦悩を素直に偽りなく話せる**環境や雰囲気**を作る。
2. 傾聴によって、**スピリチュアルペイン**に関する訴えを見逃さない。
3. 身体的、精神的、社会的な痛みの存在をしっかりと理解して、それらのなかでもスピリチュアルペインにつながるものが存在するのを知る。
4. スピリチュアル「で」ケアするのではなく、スピリチュアル「を」ケアする。
5. ゲストの痛みに寄り添い、共に歩もうとする。

　長々とスピリチュアルケアについて述べてきたのは、この姿勢が援助ないしケアの根本になければならないと信じるからだ。
　そして、スピリチュアルケアワーカーの存在が、援助者としてのあり方の模範をなすと考えられるからでもある。

■ 第4節 ‖ 援助者の行動様式

　尊敬するキッペス神父は、スピリチュアルケアワーカーは以下の特徴をもつ
という[12]。

自他の個人としての価値観に対して尊敬心を持ち、
自他が自分自身になれる環境を提供する。それは、自分の
　　　"核を"生きられる環境であり、
　　　"核から"生きられる環境である。

不思議がる心をもち、ものごとを意識して生きる人でもある。

真実であり、本（物）者として信頼のおける人物であり、
内面的（スピリチュアル）な生き方を希求しており、
"持つ to have"ことや"行う to do"ことよりも
"ある to be"ことに優先価値を置き、
"すること"より、"させてもらうこと"に意義を見出す人である。
だが、実際には自分は BROKEN（めちゃくちゃ）で、不完全で、
身体・心・魂が一致していない状態にある！
自分は身体・心・魂が統合されたひとりの人間でありたい！
自分はそのバラバラな状態から解放させてもらいたい！
自分は「WHOLE 一体」・「HOLY 清らかなもの」でありたい！
自分は自然から与えられた本来の自分自身でありたい
自分は自然のままの簡素な生活をしたい
自分は、完璧なものではなく、ありのままの自分でありたい
自分は、偽物ではなく本（物）者でありたい
というような内面的な叫びを体験している人である。

—Waldemar Kippes—

実際にキッペス氏と接してみてわかることだが、筆者は、以上の定義を覚悟と哲学の表明されたものと解釈する。

　筆者の「神様」にあたる仲村優一先生は、ソーシャルワーカーの心得として、以下の5点を示している[13]。キッペス神父の覚悟と哲学に加え、仲村優一のこの理念があれば、これからの援助職は象徴的表現ではあるが「鬼に金棒」である。

（1）話し上手でなくて、聴き上手でなくてはならない **（傾聴）**

（2）相手を積極的に理解しようとする態度でなければならない **（受容）**

（3）相手をありのままに受け入れる態度の身についた人でなければならない
　　（非審判的態度）

（4）指導者でなくて **援助者** であれ

（5）よき **観察者** でなければならない

（　　）内は、筆者加筆

　それぞれについて、解説すると、（1）は、傾聴について述べている。傾聴とは、読んで字のごとく「心を傾けて相手の話を聴く」ことだという。「聴」という字の右部分は「徳」の異体字でもあることから、「徳をもって耳を傾ける」という解釈も成り立つ。

　すなわち、傾聴とは、「単に相手の言うことを受け止めて聴くだけでなく、話し手がさらに多くのことを話せるように、そして多くを話すことによって、自分なりに悩んでいることについて、考え方の整理がつくように支援すること」[14] である。

　（2）は、バイスティックの7原則[15] のうち、「受容」にあたる部分である。バイスティックの7原則とは、「1．個別化の原則、2．意図的な感情表現の原則、3．統合された情緒関与の原則、4．受容の原則、5．非審判的態度の原則、6．自己決定の原則、7．秘密保持の原則」である。ゲスト（バイス

ティックは「クライアント」というが）の考えは、それぞれの人生経験や必死の考えからくるものであるから、その人の「個性」である。したがって、決して否定せず、どうしてその考え方が出てきたかを理解する態度が重要なのである。

　（3）は、バイスティックの「非審判的態度の原則」にあたる。主役はゲストであり、ゲスト自らが自らの問題を解決しなければならないため、その善し悪しの判断もゲスト自らがしなければならない。このことについて仲村は、（1）（2）で述べたことを別の面から表したものだといってよいかもしれないという。つまり、「相手のいうことをよく聴くことができ、よき理解者としてのぞむことができるということは、相手をありのままに受け入れることができることに他ならないからである」(16)。

　もう少し仲村の言葉を借りれば、受容とは「積極的には、個々の人間の行動には、すべてその人なりの感情的意味があること、したがって、善悪の判断を加えるより前に、そのような行動によって示された彼の感情を、ありのままに受け止めるということである。……このことは、一言にしていえば、相手のパーソナリティを、ありのままに心から受容することである」(17)。

　しかしながら、このようなことは本来インフォーマルな関係、家族や友人や近隣間に存在する人間関係の原型ではなかっただろうか。

　（4）の「指導者でなく援助者であれ」というのは、援助者の心得という風にいい換えるには違和感があるかもしれない。しかし、「指導者」というところに力点がおかれ、すなわち**パターナリズム**（paternalism）を排除して、専門性を発揮するということである。パターナリズムとは、「父親が子どもを養育・管理するようなやり方」でゲストと接することである。そして、専門性とは、ここでは、ソーシャルワーカー（以下 SW）の仕事を中心に行論するが、①ゲストの悩みごとや困りごとの相談だということ（傾聴）、②待っていても相談に来ないあるいは来られないゲストに対し、出かけて行って応談する（アウトリーチ）、③寄り添う（being）、④ゲストの感情に焦点を合わせる、⑤ゲストの全人的痛みを理解し、ケアをする（total care）などである。

　（5）の「よき観察者でなければならない」とは、①ゲストの生（せい）の複

数性の理解、②状況の定義、③複眼的視点、④鳥瞰的視点などを駆使して、専門家と研究者の視点を身に付けることが大切であることを述べている。

　①の生の複数性の理解とは、ゲストはただたんにわれわれホストに対して提示している人生だけを生きているのではないということを意識するということにほかならない。すなわち、奥の深いゲストの一面に触れたかの思いだけで、さまざまな事象を判断すべきでないということは、さらに傾聴時の課題ともなるので、次章で詳しく述べることになる。

　②状況の定義とは、「問題に直面した個体の自己決定的・内省的行為を方向づける吟味と思索の過程」（トマス）である。すなわち、ゲストの特定の定義が状況を管理しているとすれば、ホストはそれを知ることになる。

　③は、まさに多面的思考をするための条件といってもよい。また、④はホストである応談者とゲストの関係性をも客観視する視点といえる。これがなければ、援助関係をうまく維持することができないといっても過言ではないだろう。

　これらすべてのこともまた、ゲストによりよい援助をするためのコンテクストと考えてよい。

Book　学習を深めるための本

1．大津秀一（2013）『1000人の患者を看取った医師が実践している傾聴力』大和書房
2．帯津良一（2004）『がんに勝った人たちの死生観』主婦の友社
3．キッペス, W.（2009）『スピリチャルな痛み——薬物や手術でとれない苦痛・叫びへのケア』弓箭書院
4．キッペス, W.（2012）『心の力を生かすスピリチュアルケア』弓箭書院
5．仲村優一監修（1999）『ソーシャルワーク倫理ハンドブック』中央法規
6．ホールファミリーケア協会（2012年）『傾聴ボランティアのすすめ』三省堂
7．村上和夫・阿部博幸（2004）『生きているそれだけで素晴らしい』PHP
8．山崎章郎（2014）「ホスピスケアの目指すもの」窪寺俊之編『愛に基づくスピリチュアルケア——意味と関係の再構築を支える』聖学院大学出版会

4

コミュニケーションと共感

ソーシャルワークばかりでなく、福祉や医療の現場では、傾聴が重視される。しかし、傾聴とはどう「きく」のかということを含め、世にあるのは技術論のみばかりで本質論から説いているものはほとんどない。しかし、前章で述べたソーシャルワーカー、ナース、ケアワーカーなどの援助職の場合には、深い洞察と理解によってゲストの感情を詳細に知る必要がある。援助職では、受けのコミュニケーションが大切だとされる所以である。そこで本章では、コミュニケーションの5つの段階、コミュニケーションの7つの要素等について論じる。

■■ 第1節 ‖ コミュニケーションとは？

コミュニケーションとは何かという問いも当たり前すぎて答えにくい問いである。コミュニケーションとは、人と人が対面状況にあるとき自然に生じる他者との間の意味のやりとりであると考えられる（図4-1）。そして、そうはいっても、たいていのコミュニケーションは、単なる情報の伝え合いである場合が多い（図4-2）。したがって、援助職にあるものが、傾聴しようとするとあえて聴くモードスイッチを入れる必要がある（図4-3）。相手の方を向き、うなずきながら「聴く」うちに、いつの間にか双方向のやりとりになる。そして、相手と気持ちを分かち合い、共感しつつ課題に共同で取り組むことになる（図4-4）。

このことを、もう一度段階的に説明すると、どんな場面においても、われわれにとって大切なのは、まずコミュニケーション空間の共有だ（図4-5、以下

（1）コミュニケーションは「する」ものでなく「生じてくる」もの

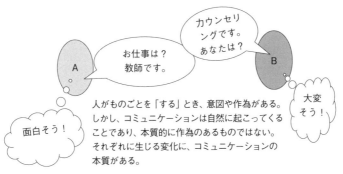

図4－1　コミュニケーションの基礎①（共にあること）

（2）単なる情報伝達

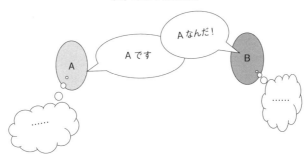

図4－2　コミュニケーションの基礎②

（3）聞くモードスイッチを入れる

図4－3　コミュニケーションの基礎③

（4）相手と気持ち（感情）を分かち合い、共感しあう

図4－4　コミュニケーションの基礎④

第1段階：一緒にいる
　　　　　（空間の共有）
第2段階：環境をつくる
第3段階：聴く（傾聴）
　　　　　（情報収集）
第4段階：話す

第5段階：調和する（共感）
　　　　　創造する（共同）
・プレゼン、ディベート、ネゴシエー
　ションなどすべて第3段階から
・最近いわれているのは「聴き方の技
　術」＝目を見る、うなずく、繰り返す
・できてないのは、第1・2段階、そし
　て5段階「返し」

図4－5　コミュニケーションの5つの段階

はこの図の説明である）。

　まず第1に、共にいる場の確保が必要である。たとえば、病院の傾聴ヴォラ
ンティアの場合、病室に入り、自己紹介をして、訪問の目的を告げる。その
際、まったく状況依存的ではあるが、「お話をさせてください」はだめである。
よくありがちなのは、「お話を聞かせてください」というアプローチであるが、
援助論的にいえば、「しばらくそばにいさせていただいてよろしいですか」が
もっとも正確ないい方であるかもしれない。そして、ベッドサイドに陣取りた
い。こういってしまうとやや傲慢な印象をもたれるかもしれないが、状況にも
よるし、ゲストが拒否的な場合は絶対にしてはいけないが、どっかと腰を下ろ
してしまうと、ゲストは私たちがしばらくはそこを立ち去らないと覚悟し、少
しは付き合ってくださることが多いという。

日本人がコミュニケーション下手といわれるのは、この空間の共有が下手であるからだ。私ごとで恐縮だが、筆者もまたアイコンタクトが得意ではない。だから数秒のアイコンタクトにも耐えられない。しかし、大切なのは空間の共有であるということであれば話は別である。しかも、コミュニケーションが自然発生的なものだとしたら、温かいこころをもって、全身全霊でそこに存在することだ。コミュニケーションが、おのずと発生しやすい環境づくりが不可欠であるが、このことは後述する。

　そして、第2段階は、聴くモードスイッチをオンにすることである。ゲストの心の扉を開ける（ドアオープン）ためには、まず、3章で示した仲村のソーシャルワーカーの心得の確認が必要であろう。それらは、傾聴させていただけるかどうかの瀬戸際を左右する。復習になるが、1つは安全の保障である。まず、あいさつや自己紹介などの自己開示によって、寄り添いたい気持ちを伝えることが大事である。ゲストに「この人は大丈夫」と思っていただけるかどうかが鍵になる。次に、積極的な受容の姿勢を示すことである。ただたんに「なんでも聞きます」ではなく、相手への関心を示すことも重要かもしれない。バイスティックのいう非審判的態度とは、ゲストの立場に立って理解しようと努め、そのことを伝えることでもあるのだ。そして、秘密保持は最低条件である。そうして、はじめて共感的信頼関係が生まれる。そのためには、聴くモードスイッチを入れることが大切になってくる。ベテランになってくると、いつでもどこでもスイッチが入るというが、筆者には、打席に入るときのイチロー選手のようなルーティンワークが必要である。

　ここで疑問が生じる。筆者もまた、傾聴の訓練を受けたことがあるが、はじめは未熟なヴォランティアがなぜ拒否的なゲストのもとへ足を運ぶ必要があるのかという疑問である。それでも、ケアワーカーを必要とする人がいるのであれば、患者訪問をつづけることはその病院での医療福祉の総合的な向上につながるであろう。

　第3段階は、まさに傾聴である。私たちは「聴くことの力」を強く認識し、ゲストの話に"こころ"を傾けて聴くことになる。傾聴の技法については、た

くさんの解説書があり、それぞれの背景により微妙な違いがあるが、それはここでは論じない。

　ただ、つらいときや悲しいとき、あるゲストは訓練された聞き役を求めるということも、経験則からくる事実である。

　第4段階は、こちらが「話す」ということであるが、お互いに言葉を発することによって生じる内面の変化が大切なのである。これをして第5段階の「共感」に達すると考える人もあろうが、**共感**は、「他者が感じている感情状態を知覚し、自分も同じ感情状態を経験すること」である。一般にその感情は、悲哀とか苦痛とかいう否定的なものが多いが、そのことの経験を通して、**コンパッション**（compassion）にいたる。コンパッションとは、悲嘆にくれている人と共に悲しみ、寂しさのなかにいる人と共に嘆き、涙にくれている人とともに涙を流す共感的協働のことである。

　比較文化論的にいえば、悲しみ方や泣き方や、病院やホスピスの場での作法の違い、すなわち文化差からくる援助的コミュニケーションの違いをもっと意識した方法があっていい。日本では、領域ごとの違いこそあれ、とくにターミナルケアの場面においてこの文化差を過小評価した安易なケアがまかり通っていることが不思議でならない。まだ、日本の現状においては、ゲストの知識が充分でないことは仕方のないことであるにもかかわらず、ゲストに対するインフォームド・コンセントの不足、上からのパターナリスティックな対応等のエピソードには事欠かない。福祉と医療従事者の役割認識を厳しく問いたい。

■■ 第2節 ┃ コミュニケーションを支える７つの要素

　ここまで、コミュニケーションの基礎や段階について述べてきたが、次にコミュニケーション状況においては、どんな媒体から伝わるのかということと、何が伝わるのかということを押さえる必要があろう。

　援助は、人を相手にする仕事であるから援助者のコミュニケーション能力、さらにいえば人間力[1]で援助の効果が左右される。しかし、コミュニケー

ション能力とはいっても、それが困難な人が多くなったため上記のような記述になったが、本来は特別なことではなくて対面して＜ふつうのやりとり＞ができていればよい。

それには、コミュニケーションを支える７つの要素[2]をつねに頭において行動するだけで、ずいぶんやり方に違いが生じてくる。７つの要素とは、①「ことば」およびパララングエッジ、②身体の動き、③人物特徴、④人物の社会的背景、⑤生理的反応、⑥時間と空間、⑦環境である。以下では、項目ごとに説明を加える。

①　「ことば」およびパララングエッジ

言葉（language＝言語）が重要であることは間違いないが、言葉だけですべてが伝わるわけではない。むしろ、話し方の特徴すなわち、話し方の個性のことをさすパララングエッジ（paralanguage＝パラ言語）の方が大切な要素である。パララングエッジとは、声の高さ、声の大きさ、声の質、語調、抑揚、リズム、テンポ、間、ため息、咳払い、沈黙、言葉遣いの癖、訛りなどをさす。そして、その話題のテーマに関する知識背景、その場の脈絡、宗教や政治などのイデオロギー的背景などすべてのことが一体となって相手に何かを伝えるのである。

②　身体の動き

「身体の動き」とは、身体部分のさまざまな動き、ジェスチャー、姿態などのことである。ある場合には、手話、指文字、手旗信号はもちろんのこと、表情や姿勢、目の動き、アイコンタクト、握手やハグなどの身体的接触までもが対話のテキストを形づくる。

③　人 物 特 徴

人物特徴とは、その人がどういうルックスをしているかをさしており、身体的特徴、すなわち、体型、容姿、体臭、頭髪などによって、その人が、男女どちらに見えるか？　いくつぐらいの人に見えるか？　大きいか、小さいか、太っているか、やせているか？　そのことによって、どんな性質の人に見えるか？　それに加えて、身体的付加物あるいは衣服、化粧、香水、メガネ、アク

セサリーなどによって相手に与える印象が異なってくる。これらはすべて重要なテクストである。

たとえば、医療ソーシャルワーカーや心理カウンセラーならば、白衣を着ていたほうが説得力が増し、信頼を得られやすいかもしれないというようなことである。

④ 人物の社会的背景

その人の職業、地位や身分によって同じ内容のことをいわれても、意味が異なってくる。たとえ、同じ言葉を発してもである。たとえば、かなり前の某総理大臣が「よっしゃ!」といえば、すべて任せろという意味に取れるが、われわれがいってもただ気合を入れているとしか思えないというようなことである。

⑤ 生理的反応

ある刺激に対して、生理的に反応してしまう場合がある。とくに、障がい児・者、認知症高齢者の場合は、意識的反応であるかどうかの区別はつきにくい。したがって、高齢者や身体障がい者、知的に障がいのある人の場合、その生理的反応を見極めたうえでのケアが重要になってくる。

⑥ 時間と空間 (time & space)

時間とは、当該コミュニケーションが行われる刻およびタイミングと時間の長さのことである。刻やタイミングには、人生の時期すなわちいくつの年齢で、ということも含まれる。

空間は、スペース、方角、距離などをさす。

距離については、文化人類学者エドワード＝ホール (Hall, E. T) によって提唱されたプロクセミクスがある。彼によれば、空間に関する知覚は、視覚、聴覚、運動感覚、嗅覚、熱覚など多くの感覚が統合されてできあがっている。そして、人間は、これらの感覚を駆使して、他人と「適切な」間合いを取り、「快適な」空間を作り出そうとしているという。しかも、この知覚は各文化によって個別に形成され、パターン化されているため、異なる文化に住む人にとって、「適切さ」や「快適さ」の基準は異なっている。そして、アメリカ文

化においては、約45cm 未満が密接距離、45cm 以上1.2m 未満を個体距離、1.2m 以上3.7m 未満を社会距離、3.7m から4.6m 以上を公衆距離といって４つの距離が区別され、お互いの親密さや認知上の距離の違いによって、適切な空間使用が導かれるのである。ホールはアメリカ人であるが、日本で傾聴ヴォランティアの勉強会に参加したところ、ゲストとの距離は1.2m 未満が望ましいと説明を受けたことがある。距離感には個体差があり、相手のことに気を配っていればよい。

⑦ 環　境

環境には、与えられた環境と演出環境がある。交渉ごとや願いごとをするとき、効果をあげるためにさまざまな舞台設定や演出を行うことは、誰もが認めるところである。

したがって、コミュニケーションはうわべの問題ではなくなる。単なる会話術や面接技術のようなテクニックを学ぶまえに、これら７つの要素すべてから成立するものと頭に入れておきたい。いや、もっとあるかもしれない。

一般的な人間関係において、どうしてうまくいかないか思い悩む場合があり、原因を探ろうとする。そういった場合には、コミュニケーションの要素どころか、それが相互作用だということさえ頭になく、一方的な思いや意思伝達になっている場合が多い。すなわち、すべての面に配慮が足りないのである。ソーシャルワーカーや心理カウンセラーについても同様で、本当はみんながそうあるべきなのだが、傾聴や相談の過程において、行き届く人はすべてに配慮が行き届いているものである。したがって、無意識にでも７つの要素は考慮されているといってよい。私たちは自己のゲストへのアプローチ法をもう一度冷静に見直す必要がある。

■■ 第３節 ┃ 何が伝わるのか？

次に、「コミュニケーションでは、何が伝わるのか？」について考えてみたい。当たり前かもしれないが、それは、福祉・医療従事者の職業を超越した

「コンパッション」である。いたわりが伝わるというのは、同語反復かもしれないが、「共感的コミュニケーション」状態にあることが伝わるのだ。したがって、援助者には「共感する能力」が大切になる。それはゲストの立場に立って、ゲストの気持ちを汲めるかということである。そして、福祉現場の場合、弱者としてのゲストの身になって考えられるかということになる。また、飛躍するかもしれないが、ターミナルケアの現場では、同じ死にゆくものとして、ゲストの抱えたスピリチュアルな痛みを理解し、そこに居つづけることができるかということである。

　すなわち、援助者側から見れば、それが職業的役割の遂行でもあり、職業を超えた「やさしさ」の表現でもある。前々節では、それをコンパッションという言葉で表現したのだった。

　このことに関連して、緩和ケアの医師である鈴木荘一 (1988) は、以下のように述べている[3]。

　　……しかし人間のことばは、善意だけで用いられるとはかぎらない。傷つける毒矢にもなることがある。医師は、この言葉の選び方や用い方に心していかねばならないだろう。そしてこのことばとことばの間（沈黙）も１つの情報伝達の効用があることを知らねばならない。現代はあまりに情報が氾濫している。その中の何が真実か人々は迷っている。だから私たちは言語を超えた人間全体すなわち人格そのものから発する本当の言語を理解する必要がある。
　　その時、言語コミュニケーションと非言語コミュニケーションは一体化する。そして何よりも、患者―医者間の信頼関係を魂の底まで深めることにより、現代の脱人間化した医療は、本格的な人間の医療に回復するに違いない。

　この文章を読むと、すでに1980年代に鈴木医師たちは、ゲスト中心主義、全人的コミュニケーションとケア、ゲストのもつスピリチュアルな側面の重視等に気づいていたことになる。

　ここでの本当の言語というのは、ゲストの立場からしたら「いえない本音」

なのかもしれないし、末期の人の「魂の叫び」なのかもしれない。

　前出のキッペス神父は、こうしたゲストの本当の気持ちを効果的に聴くため、彼の言葉を借りれば「よい聞き手になるため」（まま）、以下の10原則をヒントにすればよいと提案している[(4)]。

1．相手の話の中に、一つでもよいから何か興味ある話題を引き出すように努める。
2．話し方より内容を重視する。
3．自分の意見や判断を抑える。
4．新しい刺激を発見すること。
5．柔軟であること。
6．聴くことに労力を惜しまない。
7．気が散らないように努力する。
8．絶え間なく知性を磨くよう訓練する。
9．寛容であること。
10．先に立つのは思考である。相手の言っていることをよく理解するために、自らの思考能力を有益に働かせること。

　原著には解説がないので、解説を加えたい。

　1．興味ある話題については、ある病院でのゲスト訪問を思い出す。ある個室の骨折で入院されていた男性を訪れた時、初回訪問では何を聞き出そうとしても明らかに迷惑そうなそぶりをされていた。それが、サイドボードにおかれた写真を見て「ハワイですね？」という質問で、スイッチが入ったのを思い出す。

　2．「内容重視」については、1のゲストに、ハワイがなぜ好きなのかということを伺いながら、話をすすめていったら、その方の人生観にまで話が及んだのだった。まさに「ひょうたんから駒」の思いだった。

　3．「自分の意見や判断を抑える」ということは、傾聴の基本である。傾聴

とはもとより、一般的な会話とは違い「傾聴モード」[5]になって聴くことだ。聴くとは、注意深く、相手の言うことを肯定的に受け止めながら、意識的に聞くことだ。

4．新しい刺激を発見することは、会話の硬直性を打破するため、必要なことである。前述の「ハワイ」のように、そのゲストにとってのキーワードを見つけ出すことと言い換えてもよいのかもしれない。

5．柔軟であることは、今語られている「物語」に固執しないことである。物語はつねに展開しており、同じテーマで語られていても、一期一会なのである。ゲストが語るメッセージには、底流に一貫したコードがあり、それがそのゲストのスピリチュアリティかもしれない。加えて、ゆったりした柔軟な気持ちでゲストと接することは、上記1や4とも関連しているが、ゲストのわずかな変化に気づいていくことにつながる。

6．「聴くことに労力を惜しまない」とは、聴くモード全開状態にあることだ。

7．「気が散らないように努力する」ことは、ゲストとの会話に集中することを意味する。この瞬間に、ゲストのことを真剣に思いやっている人間が存在するのだから、この事実によってゲストは安心感をもつことができることになる。

8．「絶え間なく知性を磨くよう努力する」ことは重要である。ゲストの感情や考えを理解するためには、さまざまなことに通じている必要があるし、たとえ、到底理解しがたいと思われる話をされても、想像力を働かせるための余地もホスト（援助者）の知性と大きく関係すると思われるからである。

9．「寛容であること」は心のバリアフリーを意味する。すなわち、ゲストのあらゆる属性から生まれてくるであろう偏見の排除が重要である。それと同時に、どんなに不道徳で、無節操に思われる話でも聴き入れられる、こころの構えが必要だろう。

10．「先に立つのは思考である。相手のいっていることをよく理解するために、自らの思考能力を有益に働かせること」は、基礎中の基礎といっても過言

ではない。このことはとくに意識することはないが、援助者すべてが行っているし、行わなくてはならないことである。ここでも、全力で集中することが必要だ。

　以上、コミュニケーションの5段階や7つの要素、そして効果的に聴くための10原則は、たんに要素とマニュアルの羅列ではないかというそしりを受けるかもしれない。しかし、共通しているのは、いかに受けの**感度**をよくするかということである。

　この章の内容を振り返ると、5段階の解説で述べられたのは、「聴く場」の重要性であり、このことは、7要素のところでの環境の重要性とも一致する。そして、カウンセリングならカウンセリングの場をいかに密度の濃いものにするかが問われる。

　コミュニケーションは、アートだといわれることがあるが[(6)]、それもこれも、ゲスト中心主義という態度で一貫しているからこそのアートなのだ。あえて、スキルといわずにアートというのは、たんに援助技術を超えた「福祉の心」という意味が含まれるからである。

　ならば、「福祉のこころ」とは何だろうか？　これまで述べてきたことから、筆者は、共感 empathy、いたわり compassion、尽くすこと hospitality の3つの事柄から成り立つと考えている。

　第1の「共感」については、何度も出てきているので詳しくは説明しないが、「他者の情動状態を知覚することに伴って、生起する代替的な情動反応である」[(7)]とされる。学史的には、共感は、カウンセラーが備えるべき態度条件として、利他的行動を動機づける要素として研究が積み重ねられてきたという。ゲストの悩みや苦しみ、痛みを理解するこころだといっていい。第2は、ゲストへの慰めやいたわりのこころである。また、第3はゲストのために尽くすこころのことである。サービスマインド（service mind）といい換えてもいいかもしれない。

　筆者は、常々「学生の間は、福祉の知識、援助技術の習得とともに、『福祉のこころ』の醸成に、意を用いることが必要だ」と考え、この考えを学生に伝

えようとしている。福祉のこころは個人の問題であるし、自然に育っていくものだから余計なお世話だという意見の方もあろうが、そういった気構えのある人たちの背中を少しでも押したい。

 学習を深めるための本

1．大津秀一（2013）『1000人の患者を看取った医師が実践している傾聴力』大和書房
2．鎌田實（2009）『言葉で治療する』朝日新聞出版
3．永井友三郎・阿部正和編（1988）『医療とことば』中外医学社
4．ニューバーグ, A. 他、川田志津訳（2014）『心をつなげる』東洋出版
5．森川早苗（2010）『アサーション・トレーニング 深く聴くための本』日精研

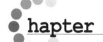

hapter 5

障がい者と
ソーシャル・インクルージョン

　障がい者との出会いにはじまり、ノーマライゼーションや障がい者の地域生活について解説する。それから、あるヴォランティア団体の活動に触れて、ソーシャル・インクルージョンの体現された様子を伝えていきたい。

■■ 第1節 ┃ 障がい児との出会い

　それは、突然やってきた。約30年前の秋のある日、母からの電話は筆者を驚かせるのに充分な内容のものだった。「妹がダウン症の子を産んだ」というのである。そのとき、筆者の脳裏に浮かんだのは、あるパターン化され、ステレオタイプ化された場面である。場所は、病院の一室。登場人物は、担当医、看護師そして妹夫婦である。

　　医師「気の毒に……。お子さんは、ダウン症です」
　　妹　「……」（絶句）
　　夫　「あ、はい」
　　医師「命は、とりとめましたが、3歳ぐらいまでは入退院を繰り返すでしょう。
　　　　　それよりも、お気の毒ですが、お子さんは、普通の生活は送れません…」
　　妹　「……」（絶句）
　　夫　「あ、はい」

2人は、これからの“アミ”（このダウン症の子の名。もちろん、仮名）のことについて医師に質問をする間もあればこそ、そそくさと病院を後にしたのだった。妹の目には、涙がうっすらと浮かんでいたことは、いうまでもない（こんな想像をするのは、『アナザー・シーズン』[1]によるすり込みが大きいのかもしれない）。

　もう少しこの話をつづけよう。このときから、妹は毎夜泣き通したらしい。

　そして、障がいのあるわが子を産んでしまったわが身を泣きながら責めつづけた。妊娠中に、かなりおなかが大きくなってからも市役所の福祉事務所（当時）で働き、風邪をこじらせたことなど、悔いても詮ないことを悔いたりもした。

　しかし、子がダウンであることで泣いていられるほど現実は甘くなかった。上の子（当時3歳“タミ”仮名）は、手のかかる盛りであるし、夫は、大きな子どもである。妹が、アミのことをかけがえのない子だと思い直し、「何もかもタミと同じように育てよう」と決心するまでそう長い時間を必要としなかった。

　この親子に対し、社会福祉は何ができるであろうか。筆者のいう社会福祉とは、もっとも広い意味のものである。多少説明を加えると、「社会保障、保健衛生、労働、教育、住宅等の生活関連の公共政策を包括した概念」（岡村重夫）である。したがって、ここでの社会福祉の対象者は全国民であり、また、その範囲も生活関連の社会的サービスのすべてである。したがって、これは筆者が知るかぎりもっとも広く、拡大された定義である。

　この見解には批判も多く、日本の福祉の実情は、どちらかというと以下の定義に近いとの説もある。国際連合「社会福祉教育に関する第5回国際調査報告書」においての「社会福祉とは、個人、集団、地域社会および諸制度と全体社会のレベルにおいて、社会人としての機能や社会関係の改善を目的とした個人の福祉（personal welfare）増進のための社会的諸サービスと側面的援助（enabling process）である」というものである。

　いずれにせよ、非常に多くの子供たちと同様に、アミが少なくとも人生の最初の数年間を共に過ごすのは、家族である。この時点でアミの命運は家族、そ

してとくに母親の手に委ねられたのである。その意味で母親の「(どうしてもできないこと以外は) 何もかも上の子と同じに」という決断は重要な意味を帯びてくるのである。

　こうして、肉親であるにしろないにしろ、障がい者との出会いはある日突然、思いもよらない形でやってくる。そして、そのチャンスの訪れる確率は、すべての人に同等であろう。

　「残念ながら、自分の生活空間に障がい者は存在しない」と自信をもって答えられる方にお聞きしたい。街で、最寄り駅で、電車で、旅行先で、たとえば、聴覚障がい者を、白杖の人を、車椅子の方を一度も目撃したことはないのであろうか。

　乙武くんの域には、とうていおよばないが[2]、こうした障がい者と呼ばれる人たちの存在自体が、彼らとの共生を模索するきっかけとなる。

　人の数だけ個性をもった人たちがこの社会に存在する以上、社会学的にそういったさまざまな個性をもった人との相互作用は所与となる。言葉は悪いが、この相互作用を大過なく消化していくことが、社会生活を「営む」ということである。そこに、差異に基づいた何らかのこころの垣根があれば、それを取り除けばよいだけの話である。ただし、この心的障壁の除去がかなり難しい。「こころのバリアフリー」と耳あたりのよいことをいっても、むなしいゆえんだ。

　たとえば、北川彰一の「障がい者理解にいたる意識の階梯」[3]には、その過程が詳述されている。過程とは、以下の5段階をさす。
　①　緊張の段階 (出会い)
　②　弛緩の段階 (対話・接近) →事実認識の段階 (行動・動作を見て)
　③　情緒付加の段階 (同情) →気づきの段階 (行動への衝動)
　④　意義発見の段階 (感動) →自省の段階 (自己変革)
　⑤　障がい者対非障がい者の対置を超えた対等の人間関係を形成する段階
　まず、第1段階であるが、緊張、不安、不快などの状態にあり、障がい者に対して心理的に距離をおいている段階である。

筆者もこの段階からはじまった。白状すると、恥ずかしい話であるが挨拶ひとつまともにできなかったのである。はじめて、知的障がい者の授産施設（当時）を訪問したときの緊張は今も忘れない。通所者の希望を聞きつつ毎年の仕事を決めているというので、訪問して見学の後、施設長や職員の方のお話を聞くこととした（いわゆる訪問調査）。前日の晩、どんなことで悩んでいたかというと……「挨拶」だったのだ。現実離れした話であるが、パニックに陥った筆者の頭のなかでは、「知的障がい」＝「言語障がい」＝「コミュニケーション障がい」ということになり、挨拶するための別の言語を探しはじめたのであった。結果は、あっさりと向こうから「こんにちは！」といわれ、筆者のパニックは幕を閉じた。

　第２段階は、緊張、不安、不快などの感情も緩み、対話や活動を共にすることによって、障がい者に接近しうる段階である。この段階では、何らかのコミュニケーションのなかから、障がい者の障がいの一端をみて、あることをするのが遅かったり、あることができなかったりというマイナスの認識を行う過程があり、情緒としては、「同情」と「嫌悪」のどちらかに分化していくことが常であろう。

　第３段階は、完全に障がい者との関係に情緒が加わった段階であり、「かわいそう」「助けてあげたい」などの哀れみを感じる段階である。「援助したい」という情動は、いわゆるいじめや蔑視にはつながらない。しかし、援助行為は情緒に発してなされるのではなく、理性によってなされる。情緒は移ろいやすいし、筆者もいまだに衝動的に何かをしたくなるたちだとの内省もある。とにかく継続が大切なので、筆者の場合、３度考え直して「やむにやまれぬ」場合、はじめて実行に移すことにしている。「ちょっとボランティアでも」という「チョボラ」は駄目である。

　第４段階は、障がい者の生き方から何かを学び取ろうとする段階である。日常生活で何かと不便さがある彼らではあるが、その克服を目指して最大限の努力を傾注しているその意志の力には、自分はとてもおよばない。少なくともこの点で彼らには自分たちにはないものがあるとして、今までどちらかというと

彼らを上からみていた立場が逆転する段階である。

　第5段階は、高い意識段階であって、障がい者を区別する障壁が意識的に取り除かれたことを実感できる段階であるといえる。ただし、ここで問題となるのは、障がいのない者によって理解されうる障がい者は、努力が可能なものに限られているということである。失礼を承知でいえば、当時の『五体不満足』の乙武くんがこれほどの共感を呼んだのは、彼の頭がユーモアのある著書を物するだけのクレバーさをもっているからにほかならない。

　ついでに、彼のすごさについて触れておく。乙武くんがいいたかったことは、たった1つ「障がいは不便だけれど不幸ではない」ということである。何を幸福と思い、何を不幸と思うかは、その人次第である。人それぞれ顔つきも違うように、障がいも「身体的特徴」と考えれば、それぞれ違ってもいいかもしれない。

　乙武くんが生まれたとき、母親は、周囲の心配をよそにわが子と対面しこういって喜んだという。

　「まあ、かわいい……」

　まず、障がい児をもった親は普通こんな感想はもたない。そんな祝福を受けた彼は、手足こそなかったものの（先天性四肢切断）、（大変にエキセントリックな障がい児で）いつも友人のなかにいて普通に生きてきたのだ。彼ら（つまり、『五体不満足』のすべての登場人物）の活躍によって、ネガティヴな部分、深刻な部分はあっさりと突き抜けられてしまった。福祉という言葉さえも相対化され、かくして、もし福祉という言葉が何らかの意味内容をもつとしたら、それは、「すべての人の幸福を考え、実行すること」というようなかなりおおざっぱなものとなる。こうした意味で、私たちはどんな条件であれ、人びとを分割し、区別するような考え方とは訣別する。

■ 第2節 ‖ 障がい者の自立

　「福祉文化」は、ノーマライゼーションの原理と深くかかわっている。

このことを、冒頭に紹介した筆者のめい"アミ"の事例[4]とノーマライゼーションの原理の育ての親といわれるベンクト・ニィリエの8原則[5]を通して説明する。

8原則とは、すなわち以下の1〜8である。

1．1日のノーマルなリズム

ノーマライゼーションとは、たとえ最重度の障がい者であっても、朝起き、着替えをし、充分な介助のもとで普通に活動できることを意味するという。

子どもだったころのアミのある朝をのぞいてみよう。朝、6時起床。これは家族の誰よりも早い。一人で、洗面、歯磨きを済ませ、つまらないので見古したアニメのビデオをみる。しばし登場人物になりきる。そうしているうちに30分が経過し、家族が起きだしてくる。着替えを忘れていたのをとがめられ、自室に戻って、着替えをし、姉を起こすが、寝坊の姉はなかなか起きない。「おねーちゃんの"ねぼすけ"」といって、ダイニングキッチンに戻る。アミの父が、お茶をすすりながら、アミが取ってきた新聞を読んでいるので、「おはよう」といって、食卓につく。やや待って食事になる。メニューは、干物と納豆、海苔、つけもの、佃煮、みそ汁とごく普通のものだ。干物は苦手なので、アミの前にはないようだ。好物の納豆を大量にかけて、ご飯のお代わり。8時過ぎ、アミの母の車で10分の距離の小学校に向かう。いい遅れたが、アミはダウン症のなかでも比較的軽度で、2級障がい児（当時）であった。

2．1週間のノーマルなリズム

少し長じて、アミは、授産施設（当時）に通っていた。大学に通っていたタミと同様、土曜・日曜は休みであった。今でも、家族でどこかに出かけるのを楽しみにしているし、外食の意味も知っている。好きな食べ物は蕎麦、麺類ではそば一辺倒である。それしか食べないが、蕎麦湯はしっかりと飲む。鮨は、鮪と納豆巻しか食べない。やや偏食ではあっても、このアミの生活のどこに障がいのない子との差があるというのか。

3．1年間のノーマルなリズム

アミはまた、クリスマスが大好きである。ケーキが食べられるからで、誕生日も同じ理由で大好きであった。

アミの家族は年に1度は泊まりがけの旅行に出かける。たとえば、京都旅行は、障がいのない子ども同様、アミにとって刺激的であることは間違いない。たとえ移動中、車のなかで彼女がずっと眠っていたとしてもである。また、アミの母は、わかるわからないに関係なく、アミが季節の移り変わりをはだで感じられるようなイベントをし、説明をする。春には桜が咲き、梅雨はじめじめしていて、夏はにわか雨が降り、その後に虹が見られること。秋は、食べ物がおいしく、冬は雪に気をつけなくてはならないこと。すなわち、四季の変化にともなう祭りや文化行事、スポーツなどの余暇、野外活動などのいろいろな経験を一緒に楽しめるよう気を配っているのだ。

また、年に10回以上、車で20分の母（つまり筆者の妹）の実家にお泊まりがある。長いのは、旧盆と正月のときだ。おばあちゃんの家には、専用の勉強部屋（?）があり、何時間でもそこで一人で過ごすことができる。

4．ライフサイクルにおけるノーマルな発達的経験

ノーマライゼーションの原理によると、「子どもたちは、できるだけ温かい雰囲気、豊かな感覚刺激、適当な空間が与えられた場所で暮らすべきである」[6]。

筆者の妹が頭を悩ませたのは、アミが学齢期に達するときである。つまり、アミが養護学校に行かなくてはならないか、小学校の特殊学級（当時）に行くかである[7]。妹は、学生時代、養護学校教諭の実習経験があった。そこでの経験はダウン症の子をもつようになった10年後も記憶に新しいことだった。

ある雪の日のこと。教室の子供たちが雪が激しくなる度に「クリスマス！」といってざわざわしはじめ、妹にいわせるとよいか悪いかは別として、「1日中、その日がクリスマスでないことを説明して終わった」そうである。その実習経験がトラウマとなったそうである。市役所に行きいろいろ掛け合った末

に、アミは越境で家族が送迎するという条件つきで、めでたく小学校の特殊学級への入学式を迎えたのである。当時のその小学校では、図工や体育などでは、障がいのない生徒と一緒の活動もあったようである。

5．ノーマルな個人の尊厳と自己決定権

　手前味噌ながら、わが妹が賢かったといえるのは、身体的・物理的にアミに生じる生活問題への対処以外は、まったく分け隔てなく、姉妹を平等に育てたということだろう。逆に、母親のひざはいつもアミが独占していたために、タミがみせるとはなしにみせたさみしい表情を目撃してしまったり、伯母に母親にはできない甘え方をしていると感じられるときがあった。もちろんタミも小さいうちから妹の障がいを意識し、家族における自らの役割を充分すぎるほど内面化していたからこそ、そうなるのである。

　ここで、やや話はかたくなるが、読者はアミという一個の人格が親やきょうだいによって見事に尊重されていることにお気づきだろう。

　それでは、アミにおける自己決定とは何か？　もちろん、アミに大切なことを自己決定する力はない。そこで、思うことをうまく表現できない彼女をまず理解することが大切である。

　衣服にもおのずから好みがでてくる。アミが喜ぶものを日頃から観察して買い与えるということをしている。できれば、一緒に買い物に行くというのがよい。

6．その文化におけるノーマルな性的関係

　スウェーデンの「知的障がいをもつ若者による全国会議議事録の要約」によれば、「それ相応の年齢になれば、異性と一緒になる権利をもちたい。また、自分たちで適当と思う時に結婚する権利をもちたい」と記されている[8]。

　筆者が20年前に訪れた知的障がい児・者の授産施設（当時）のアンケートでも、もっとも希望が多かったのは、「将来、結婚をしたい」ということであった[9]。愛や結婚は、若い男女において自然な成り行きである。だから、アミ

にも将来恋人ができるかもしれないと考えていたが、30歳を迎えようとする現在、その気配は感じられない。

7．その社会におけるノーマルな経済水準とそれを得る権利

ノーマライゼーションの原理によれば、「知的障がいをもつ人たちは、他の人たちが同じ場面や状況で得ているノーマルもしくは特別な一般的もしくは専門的なサービスや手当、補助金を普通に利用する権利がある」[10]。

アミを育てる妹夫婦が手にしたのは「特別児童扶養手当」[11] の当時の2級相当分のみであった。

8．その地域におけるノーマルな環境形態と水準

この原理の8つ目は、「病院や学校、グループホーム、福祉ホーム、ケア付きホームといった場所の物理的設備基準がノーマルであり、一般市民を対象とする施設と同等なものであるべきである」[12] ということである。

すなわち、「施設の規模は一般社会でノーマルとされる人間的なものでなくてはならない。周囲の人びとの暮らしにとけ込めないような大規模な施設は適当でない。ノーマルな規模の施設がノーマルな場所に設置されれば、入所者は地域生活にとけ込みやすくなる」。養護学校高等部を卒業したアミは、授産施設に通うようになったが、そこは、少なくとも小規模で自分で通えるところであってほしかった。現在のアミは、障害年金や知的障害者福祉法という制度が課す新たな試練に直面している。制度のバリアといってよいかもしれない。

ノーマライゼーションの原理は、すべての面でのバリアフリーの実現と表裏をなしている。したがって、繰り返しになるかもしれないが、社会福祉や福祉文化の勉強の前に、まず、読者自身のこころのバリアを取り去ることが不可欠である。そして、そういったこころの仕組みや社会システムの理解のためには、心理学や社会学の学習も大切である。社会福祉学が、ことのほか総合学だといえるのはこの意味においてである[13]。

　ノーマライゼーションとは、障がいを理由にゲストの行動に制限を加えない
ことでもある。このことを、自然に実践しているグループがある。Hot Gena-
ration（以下ホット）というグループである。ホットとは、障がいのある子とな
い子が一緒にレッスンを行うミュージカルスクールのことである。プロのアー
ティストたちが、舞台、TV、CM の役者や振り付け師などとして活躍する傍
ら、子どもたちに直接指導することで、有名になりつつある。オリジナルなプ
ログラムによって、障がいの
ある子どもたちとない子ども
たちがこれまでにないタイプ
の総合的なレッスンを行って
いる。そして、自閉症の元ス
クール生・神谷たえさんを主
役に子どもたちとヴォラン
ティアのアーティストたち、
そしてスタッフによる公演を
行っている。

写真 5 - 1　レッスン風景

　障がいのある子たちが芸能
活動という文化活動をやって
いるという理由から紹介した
のではない。

　ホットが素晴らしいのは、
みんな一緒だということであ
る。そこでは、私たちがよく
使うノーマライゼーションな
どという言葉は吹っ飛んでし
まう。ミュージカル公演につ

写真 5 - 2　みんなでお絵描き

いても、一般的なルールで動いている。神谷たえさんが主役を張ってきたのは、舞台上での歌や踊りがもっとも映える一人だったからで、それ以外の要素は入らない。そして、今では、プロとして活躍するまでになった。

　これらの点と以下に述べることから、他の障がい児だけのグループとは一線を画す。このグループの活動から読み取れるキーワードを探してみると以下の5つぐらいになるのではないだろうか。

1．ソーシャル・インクルージョン（social inclusion）

　この言葉のもともとの意味からすると、ここで用いるのは、やや違和感がなくもないが、学校教育で用いられるインテグレーションよりは、自然な交流がもてているという意味でこの言葉を使っている。逆のいい方をすれば、どんな人も排除されないのがソーシャル・インクルージョンだ。あえてホット風にいえば、「みーんな一緒！」ということになる。

　このグループの公演を取材に来られたある有名紙の記者は、「どうして障がいのある子を前面に出さないの？」と素朴に質問していた。しかし、特別ルールをつくって、障がいのある子たちの出番を多くしても意味がない。一緒に同じ舞台をつくり上げることが大切なのだ。また、子供たちが本当に分け隔てなくやっているのがいい。そうしてお互い自然に仲間を思いやる気持ちが育っている。これこそが、温かい人間社会の本質なのである。

　歌や踊りだけでなく、絵画や切り張りの絵に私たちがメッセージを加えるコラボレーションも行っている。絵画の時間には、知らない人たちが聞くとドキッとするような発言であるが、平気で「下手くそ！」といい合えているのがいいのだ。

2．ヴォランタリズム（voluntarism）

　このスクールの主催者である鳥居メイ子さんは、神谷たえさんと出会うまでは、福祉とはまったく縁遠い人だったという。たえさんとの出会いが彼女のなかで何かを変えたのかもしれない。もとはピアノの先生で、たえさんを教えて

いるという評判が少しずつ拡がり、障がいのある子の親御さんから頼まれることが多くなったという。それで、みんなまとめて教えようということになったらしい。鳥居さんや親友の原春江さんのヴォランタリー精神から発したものである。もっとも、鳥居さんだけでなく、関係者たちには福祉活動をやっているという意識はほとんどない。また、これこそがヴォランティアの神髄なのである。

3. 創 造 性 (creativity)

こうして、みんなでミュージカルをはじめさまざまなものを創造していくのである。いうまでもなく、ミュージカルの醍醐味はプロデューサー一人の力だけで生まれるものではなく、一人ひとりが無意識にせよ協働して1つの作品をつくり上げていくことにある。そして、作品だけでなく、確実に人の輪ができて、それが徐々に拡がってきている。春・夏の大きな公演の出演者・スタッフの誰一人欠けても、この創造性は発揮できない。したがって、普段の練習をみていると、傍らがはらはらするぐらい厳しい風景にでくわす。よくできる子たちは、障がいのある子たちに辛抱強く付き合うだけでなく、自然に手助けをしたり、教えたりするようになる。だから、舞台上でのダンスや歌声に乱れはあっても、その乱れを包み込んだうえでの全体として手づくり感のある統一性といったものがみて取れ、それが貴いのである。すなわち、素晴らしい舞台を創り上げるのである。

4. 自己表現 (expression)

このグループのもう1つの目的は、すべてのメンバーによる「明るく楽しい自己表現」である。そういったことを目指していると、いつの間にか大きなパワーとなっていることに気がつく。

このホットの活動が、どうして福祉文化をつむぐことになるのか？　もう少し論じたい。まず、みんな一緒に（ソーシャル・インクルージョン）、自発的に（ヴォランタリズム）、生き生きとみんなで1つのものをつくりだしていくことが

大切である。

　それに加え、ホットは、自分たちにもっとも得意な形で成しうることを自然体でやっている。ときには、歯を食いしばることもあろうが、それは主に自分たちの公演に向けての頑張りであり、障がい児を守るため、自分たちが盾になるのだという一般にありがちな偏った悲壮感はない。

　いわば、文化というのは個性でもあるから、自分たちがもっとも得意な方法で堂々と明るくそれを表現していくのは福祉文化活動そのものだということになる。さらに、先の定義に当てはめるならば、このような「独自の方法による共生のあり方」が福祉文化なのである[14]。

　さらに付け加えると、障がいのある出演者は、障がいを理由に、ミスすることを許されるのではなく、100％の力を出しきることを前提に舞台に立てるのである。それが、共同社会のルールである。たとえ知的障がいをともなっていてもそのことを体で覚え、表現することで、観衆の感動を誘うのである。そして、「全力を尽くす」ことにおいて、ホットのメンバーは「みーんな一緒」で対等ということになるのだ。

5．一体感（social bond＝絆）

　それから、全力の舞台には、つねに全力のリハーサルや練習がふさわしい。この全力の日々の鍛錬は、観客からの拍手によって報われるかもしれないが、彼らに思わぬ副産物をもたらす。それは、日々の練習がもたらす仲間意識である。そして、その仲間意識からくる一体感である。そのような一体感が、客席に拡がり、ショーの素晴らしさに加えて「私たちは、お互いを思いやれる人びとの集まりである」というようななんとなく心地よい感覚に包まれる。誰も排除せず、すべての個性を包む、それこそソーシャル・インクルージョンの体現なのである。

　このように、発達障がいや知的障がいの子供を育てられている親御さんへのヒントが満載のホットなので、ぜひ、一度レッスンをのぞかれることをお勧めする。

学習を深めるための本

1．加藤浩美（2003）『たったひとつのたからもの——息子秋雪との六年』文藝春秋
2．小島ブンゴート孝子・澤渡夏代ブラント（1996）『福祉の国からのメッセージ——デンマーク人の生き方・老い方』丸善ブックス
3．武部隆（2005）『自閉症の子を持って』新潮新書
4．野村武夫（2004）『ノーマライゼーションが生まれた国・デンマーク』ミネルヴァ書房
5．バンク・ミケルセン（1992）『素顔のノーマライゼーション』ささら書房
6．正村公宏（2001）『ダウン症の子を持って』新潮文庫

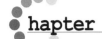

6

高齢社会と介護文化

高齢社会の実像を知り、ケアの本質にせまる。福祉の部分文化について
言及しているようにみえながら、「なぜ介護するのか」まで触れているの
で「社会福祉の哲学」として読んでいただけるだろう。

■ 第1節 ‖ 高齢社会の実像

　世界のケア事情を知る前に、世界の高齢化の実像を明らかにしていきたい。

　全人口に占める65歳以上人口の割合を高齢化率あるいは老年人口比率とい
う。2016年、日本の高齢化率はちょうど27％を超したところである。この数字
は、世界最高率である。そして、2024年には30％を超え、2050年ごろには40％
を超えると予測される。これに、高齢化のスピード、国民の平均年齢を合わせ
ると日本の世界最高齢国の地位はゆるがない。世界中が日本の高齢者福祉政策
を中心とした高齢化対策に注目するゆえんである。

　もっとも、世界も高齢化していて、2015年時点のイタリアの高齢化率が
22.40％、ドイツが21.24％、スウェーデンの高齢化率は19.94％とつづいてい
る。2050年には、アメリカ、カナダ、オーストラリアなどの国々も高齢化率が
20％を超す。スペインやイタリアにいたっては、35％を超す見込みである。

　高齢者世帯の構成をみると、1980年は、一人暮らしが8.5％、夫婦のみが
19.6％、子どもと同居が69.0％だったのに対し、1998年は、一人暮らしが
13.2％、夫婦のみが32.3％、子どもと同居50.3％、単身高齢者が5ポイント、
夫婦のみが13ポイント増えた。また、2003年には、一人暮らしが19.8％、夫婦
のみが28.1％、子どもと同居が40.0％だった。一人暮らしと夫婦を合わせると

50％近くなった。さらに、2012年には、一人暮らしが23.3％、夫婦のみが30.3％、子どもと同居が33.9％となった。高齢者だけでの暮らしが一般的になりつつある[1]。少し乱暴ないい方をすれば、日本人の高齢者のライフスタイルは家族と同居せず、夫婦のみが多いという点では、グローバルな趨勢に近づきつつある。

　高齢期の生活と福祉は、いまや人類共通の課題である。そこで、国際的な知恵の分かち合いが必要となってきた。それでは、どんな知恵を分かち合うのか？　ややもすると、制度だけ、システムだけ、箱だけになってしまいがちな日本の社会福祉の導入の仕方を、ポリシーと哲学のある方向へと修正することが大切になってくる。第1に、いわば、その国の高齢者福祉の背後にある高齢者観と社会福祉観を探ることが必要である。すると、ある国の国民一人ひとりには他者を生かそうとする特有の「やさしさ」があり、それを「文化のやさしさ」だと仮定できる。その文化のやさしさを生かす「システムのやさしさ」があってはじめて、どんな状態になっても「自分の人生を生きること」が可能になる。そして、このやさしさの文化が、医療・介護を支える仕組みをつくるのである。そこでは、ソーシャルワーカー、ホームヘルパーとホームナースなど援助にかかわる職業の人が核となる働きをすることは言をまたない。

■■ 第2節 ┃ ケアの本質

　そもそもヒトはなぜケアをするのか？という問題がある。それは、たんに個々のやさしさや愛や思いやりやいたわりの問題だろうか？　これは、こころの問題であると片付けられてしまうことが多く、ゲストと援助者である私たちの関係についても広くはこころの問題として処理される。

　人気のカリスマ介護士袖山卓也は、この問題について次のようにコメントする[2]。

　　「福祉や介護の世界にいると、たまに『やってあげる』というような姿勢で障

64

害者や高齢者と接している人を見かけることがある。僕らの世界でそういう意識になったら終わりである。そういう傲慢な気持ちは、隠そうとしても、ちょっとした瞬間の言動に表れる。それが、障害者や高齢者に"伝わり"彼らを傷つけることになるからだ。

　介護や福祉の対象となる人は、確かに手助けを必要としている。でも、『やってあげる』あるいは『イヤイヤやっている』という人から介護を受ける高齢者や障害者こそ、いい迷惑だ。もし、自分が将来、介護される立場になって、そういった態度で接せられたら、と想像すればわかるだろう。

　"気持ち、こころは伝染する"

　いい感情であれ、悪い感情であれ、気持ちやこころは人から人へと伝わる。これは、僕が介護の現場で得た実感である。

　だから、それを意識的にやれば"心の受け渡し"が可能になる。

　"心の受け渡し"といっても、別に宗教的なことを言っているわけじゃない。単純に、可能な限り、相手の位置、視点に立つ、ということだ。

　……要するに、"心の位置"を同じにすること。言い換えれば、**"同じ人間やないか"という気持ち**こそ何よりも大切なのだ。」

　禅問答になってしまうが、「同じ人間じゃないか」ということは、何を意味するのか？　同じ人間だからこそ、角が立つこともある。同じ人間だからこそ、うまく伝わらないこともある。ある場合には、「やらせていただいている」という思いをもつことも大切である。なぜなら、社会学をもちだすまでもなく、ゲストがいなくてはケアという行為自体が成立しないからである。

■■ 第3節┃　なぜ老人をケアするのか？

　また、人間にはもともと利他心がそなわっているという考え方があり、立場や職業を抜きにして、「人の役に立ちたい……」というところからケアが生じてくるというのである。

　社会的正義感から生じるとする考えもあるだろう。「人びとの命と尊厳を守

る……」「弱った人を助けるのは当たり前」などという考え方である。

　また、広井良典 (1997)⁽³⁾ は、ケアの3側面という考えを提示している。すなわち、(ア)臨床的・技術的レベル、(イ)制度政策的レベル、(ウ)哲学思想的レベルである。臨床的・技術的レベルは、現場でのケア、介護技術、看護技術、カウンセリング技法などを含んでいる。制度政策的レベルはシステムの問題で、介護保険制度、訪問看護制度、ケアマネージメントなどがかかわる。哲学思想的レベルは、「そもそもケアとは何か」「ケアは人間にとってどんな意味をもつか？」などへの問いである。本章では、とくに哲学思想的レベルを問題にしている。

　広井は、ハイデガーの『存在と時間』のケア論をもち出して、ケアの本質にせまろうとする。すなわち、ハイデガーは、「気遣い」(＝ Sorge) によってこそ世界は価値を与えられ、「意味」をもったまとまりとして発ち現れるという。人間が生きる世界を世界たらしめるものが、「気遣い」である。この気遣いには、モノに対する顧慮的気遣いと人に対する配慮的気遣いがある。そして、ケアは人間が個であることと関係がある。人間は「『私』というものにこだわり、また他人のこと、世間のことを『気にかける』」し、仲間をほしがる。これを「引き合う孤独の力」という。ケアは人間の本性であり、他者への配慮・関心・気遣いを示さずにいられないことから、人間は「ケアする動物」であるのだ。

　したがって、ケアという行為は、人間が人間であることと表裏であり、人間が自らつくり出した環境行為であるから、その意味で文化なのである。しかし、この説明だけでは、なぜすべての人のケアをしなくてはならないのかという普遍主義の説明としてはやや弱い。普遍主義に有効な根拠を与えようとするのが、大岡頼光 (2004) である。大岡は、以下のような論拠によって、なぜ、老人を介護するのかを説明しようとする。すなわち、その背後には、人類共通の人格崇拝があるというのだ⁽⁴⁾。

　　こうして人格崇拝のもとでは、老人は、労働力の再生産や国民動員や国家・

市場の効率化に対して何の成果を生み出さなくても、何らかの人間性を持つ限り「聖なるもの」であるとみなしうる。聖なるものへの儀礼として、老人への介護を公的資源により行うことが可能になる。

　筆者にとって、この言明は、マザー・テレサの「人類は一つ」という言葉と重なり合って、説得力をもつものだ。

■ 第4節 ‖ 各国のケア文化

　第2章で述べたことから、ケアが人類普遍の文化だとすれば、世界各国のケア文化がそれぞれ独自性をもつことは頷ける。ここでは、紙幅の制限はあるが、スウェーデンとデンマークのケア文化の成立について述べておきたい。

1．デンマーク

（1）デンマークのケア文化

　デンマークでは、1949年の民主憲法で「自力で生活できないもの誰もが公的援助を受けられる権利」を保障している。

　また、1987年の高齢者住宅法では、有名な高齢者三原則を打ち出した。すなわち、「**生活の継続性の維持**」「**残存能力の活性化**」「**自己決定**」である[5]。

　「生活の継続性の維持」は、高齢者が自宅で、そして住みなれた地域でそれぞれの高齢者なりの生活をすることが望ましいことを表している。どんな状態になっても、できるだけそうした生活を維持できるように援助するものである。

　「残存能力の活性化」は、残された能力で失われた機能をカバーしつつ、高齢者のもつ生活技術、技能、趣味などをできるだけ維持・活用し、高齢者が生き生きと豊かな人生を送れるようにするというものである。

　「自己決定」の原則とは、自分の生活をケアサービスのあり方を含め自分で決めるということである。高齢者の判断を最大限に尊重し、高齢者が主体的に

人生を歩んでいけるよう援助するものである。

　３原則を貫く理念は、ケアはあくまで「自立支援（help to self-help）」であり、たんに基本的欲求の充足だけではなく、高齢者がその人自身の人権を行使し、自由なライフスタイルを謳歌することをその本旨としている。

（２）デンマークの「住文化」

　外山義[(6)]によれば、人には最期のときまで生命力を輝かせるような住環境が不可欠である。また、そのような住環境をも含む意味での「住宅」は文化である。それぞれの国にはその国なりの住文化がある。

　小池直人によると[(7)]現代デンマーク人の生活価値ランクで１位を占めるのが「住」、２位が「食」、３位が「衣」である。「イェム」（hjem）すなわち住宅は、若いうちからよいものに恵まれること、生活の基本となるアメニティ空間として究極には病院機能をも果たすことが条件になるという。

　デンマークで、「福祉は、住宅に始まり、住宅に終わる」といわれてきたことでもわかるように、20世紀の終わりごろは、ふつうの住宅としての「高齢者住宅」、「終の棲み処」として「介護住宅」、痴呆高齢者のための「グループホーム」が発達していた。

　ここに、当時の朝日新聞論説委員、大熊由紀子による「元気が出る介護社会を」（1996. 1. 11）という記事がある。もちろん介護保険前夜だったが、デンマークと比較して当時の日本社会がいかに厳しい状態だったかがわかる[(8)]。なかでも、デンマークでは日本式にいう「在宅医療・介護」と「自宅としての老人ホーム」が抜きんでていた（表6－1）。

　「高齢者住宅」とは、高齢者が身辺的自立を果たしながら生活するためのバリアフリーや移動の便を考慮した住宅である。これは、コムーネ（Kommune＝市）が運営する賃貸住宅である。NPO法人や住宅法人が建設して、コムーネが借り上げ、市民に貸しだしている例が多い。

　この高齢者住宅が普及するのは、1998年の社会サービス法によって、「施設」という概念がなくなり、どのような住まい方であろうと、本人にとってもっともふさわしいサービスが受けられるようになったこととも深い関係がある。プ

表6－1　20世紀末のデンマークと日本の高齢者サービス

（大熊由紀子（1996年1月11日朝日新聞より筆者作成））

	20世紀末のデンマーク	日本のカウンターパート
老人	寝たきり老人という言葉がない	×
家族	愛情の表出	○
	在宅介護医療	×
介護	ヘルパーの地位が高い	×
医療と福祉	家庭医と専門医に登録訪問看護師	×
住宅	補助器具センター	×
	PT、OTによる住宅改造	△
	毎日の食事サービス	×
老人センター	在宅のステーション	×
老人病院	自宅に近い個室	×
行政	自立の支援	△
	自己決定の重視	△
	医療・福祉の包括支援	△
	臨機応変な対応	×

＊日本の状況については、ある場合には○　ない場合には×　徹底してない場合は△

　ライイェム（plejehjem＝Nursing Home）に入居することが第1ではなく、自宅にいながら必要なケアを受けることができるようになった。一般住宅や高齢者住宅に住んでいても、プライイェムと同じ手厚いケアを受けられるのである。したがって、ケアの面では、同等であるものを「施設だ」「住宅だ」と分ける必要はなくなる。しかし、大切なのは、必要な人に必要なもの、サービスをもれなく提供することである。

　そこで、「できるだけ長く自宅で」という考え方から「早めの引越しで積極的な予防策を」という方向性へとケアの哲学も変わったところだ[9]。さまざまな理由で、自宅に住むことができなくなった人たちは、**高齢者センター**に住むことになる。独立したアパート形式の集合住宅で、バス、キッチン付きのものだ。ヘルパーや訪問看護師の拠点、配食サービスの拠点やデイサービスなど

在宅サービス機能のほか、食堂、リハビリ室、ホビールームなどがあり、1つのコミュニティを形成している。

2. スウェーデン
(1) スウェーデンのケア理念

　世界一住みやすい国であることについてはデンマークに一歩譲ったとしても、スウェーデンもまた屈指の「生活大国」である。私たちは、生活大国という言葉を何気なく使用しているが、実は、日本に冠された「経済大国」よりもありがたい言葉なのである。ここではすべての人の QOL がどれだけ大切にされているかが問われていて、しかもその実現がないと使えない言葉だからである。どちらの国においても、女性がたとえば未婚の母になってもしっかりと生きていくための条件が整っているため、QOL 重視という意味で「生活大国」といわれるのだ。

　とくに、スウェーデンでいえば、国家建設の8つの基本理念、すなわち、a. **自由**、b. **平等**、c. **機会均等**、d. **平和**、e. **安全**、f. **安心**、g. **連帯・協同**、h. **公正**はしっかり遵守され、この理念に基づいて高齢者福祉の方向性も定められている。

　岡沢憲芙によれば、スウェーデンの高齢者福祉は、「一世代・自立主義の居住スタイル」をとりながら、「社会の真ん中で人生の充実した収穫期を」ということを中心に組み立てられている[(10)]。そして、このことはスウェーデンのa. 年金制度の充実、b. 在宅ケア中心主義、c. ＜寝たきり老人・ゼロ＞主義、d. ノーマリセーリング（＝ノーマライゼーションのスウェーデン語よみ→社会的統合・物理的統合・機械的統合）、e. グループ住宅および施設での個室主義、f. ホームヘルパーの充実、g. 住宅選択制度・コミューンによる住宅費補助制度、h. 交通費補助・割引制度、i. 学習サークル運動、j. サービス・センター中心の複合施設主義、k. ＜近しい人の最期を看取る休暇＞などに見て取れる。しかし、そうはいってもこれらは筆者らを震撼させるのに充分である。

　a〜jまでは、他のさまざまな本でも紹介されているし、ここでの論点では

ない。筆者らがもっとも驚嘆するのは、「近しい人の最期を看取るケア」である。

　これは、正式には、「近しいものの看護のための保障と休暇に関する法律」（1988年12月制定）による制度である。いわゆる重病の人が、人生最期のときを医療機関以外のところですごしたいと望むときに、その人の親戚または友人が、その人に寄り添うための休暇をとることができる。そのもっとも優れた点は「近しいもの」（narstående）に関する考え方であり、「通常の仕事を休んでまで病人の看護をしたいと自分から望むものは誰でも病人に近しいものといえる」という[11]。要するに、高齢者や末期の患者が孤立することがないように、社会がケアするということが制度上できている。ここは、学んでよい部分だ。

　スウェーデンで法に定められた「ケア」とは、社会サービス法によるサービスおよび介護をさす。「サービス」とは、家事援助、買い物、郵便局・銀行等の利用、調理および配食等。「介護」とは摂食、衣服の着脱、および移動等の援助、個人衛生の援助、孤立しないための援助および安心と安全感を抱かせるような対応をいう。これは、1998年の「不適切な介護に関する届出義務」（社会サービス法第71条 a）で明確になったものであり[12]、ここでもまた高齢者を孤立させないための援助がケアシステムのなかに組み込まれているのである。

（2）スウェーデンの居住型福祉

　スウェーデンの高齢者福祉は、サービスハウスの隆盛と軌を一にして国際的になった。サービスハウスは、1970年代当時、増えつづける高齢者人口の受け皿として大量に建設された今でいうユニット型のケア付き住宅である。

　突飛かもしれないが、ここで筆者が述べたいのは、「人にはどんな状態になっても生きているかぎり生活がある」ということである。したがって、病院にいても老人保健施設にいても、特別養護老人ホームにいても、療養性、介護性、安全性に加えて快適性あるいは状態に応じた「生活のしやすさ」が問題となる。

　「生活のしやすさ」を追求すれば、日本ではバリアフリー住宅としてのケアハウスが注目されるだろう。他方、有料老人ホームは、さまざまなものがあり

すぎて、取り上げる利点をもたない。ケアハウスは「無料または低額な料金で、給食その他の日常生活上必要な便宜を供与する施設であり、生活費に充てることのできる資産、所得、仕送りなどが、国が決めた利用料の2倍程度以下であることが入所要件とされる」（老人福祉法20条の6）という点は、軽費老人ホームと変わらない。しかし、住宅としての性格が強調されており、生活相談、入浴、食事の提供、緊急時の対応を行う。またさらに、利用者の介護が必要な場合には地域のヘルパーが派遣されるなど、地域の在宅福祉サービスとの連携を図っている。1989年のゴールドプランで登場し、2004年までに10万床確保が目標とされていた。

　このケアハウスは、スウェーデンのサービスハウスやオーストラリアのホステルを意識してつくられたというが、「箱だけまねた」のでは意味がない。また、2000年に法制化されたユニット型の特別養護老人ホームにしても、スウェーデンに比して高齢者1人当たりの職員数が圧倒的に少ない。どうせ模倣するのなら、こういった住宅を建設するにいたる思想や福祉観、システムや政策といった大きな枠組みのなかで理解しておく必要がある。

　サービスハウス（servicehus）は、スウェーディッシュ・インスティチュートの「スウェーデンの高齢者福祉」というファクトシート[13]によると、「集合住宅のなかを20から100の居住ユニットに分けたアパート形式のもので、そのほとんどが、70年代から80年代に建てられたものである。コミューンごとに異なるケア付き住宅への入居の可能性や割り当て方針によって入居者の年齢その他の適格性の範囲はさまざまである。しかしながら入居者の大部分は、年金生活者で、地方当局との間で通常の賃貸契約を結んでいる。アパートは、1～3部屋からなり、キッチンと浴室がついている。入居者は、一般住宅での自宅生活者と同様に、（資産審査の上で）補助付きでコミューンのホームヘルプサービスが受けられる。施設内には、レストランや各種活動ルームがある」とされていた。

　当時、一番多いのは2LDKで50％を占め、残りのほとんどが1LDKである。居住者のうち、64％が80歳以上の、約80％が単身者である。職員は、施設長、

ヘルパー、准看護師などで、介護職員が24時間勤務している。筆者が行った1992年頃は、医療強化のため、ヘルパーに准看護師を雇うところが増えてきたところだった。サービスハウスがナイトパトロールや看護師の詰め所になっているところもあった。

サービスハウス入居者の83％が自宅から来ており、他の「介護の付いた住居」からはそれぞれ約４〜５％である。退所者の66％は死という形で出ていき、次に多いのは、ナーシングホームへの移動、17％であった[14]。

1992年に訪問したダーレンス・サービスハウスでは、以下（P74〜76）のような入所説明が手渡された。すでに、24時間の見守りシステム、衣食とアクティビティが過不足なく提供されていることがわかる。少し古いが、日本語で書かれた貴重な資料なので掲載する。

（３）安心住宅と住宅介護の付いた特別住宅

1992年のエーデル改革以前からサービスハウスへの国の補助がなくなり、事実上、建設されなくなった。認知症のグループホームとナーシングホームだけが、**介護の付いた特別住宅**となった。

この特別住宅は、2000年には12万1,305人分で、高齢者の7.9％が利用していたのが、2004年には10万4,800人分となり、6.7％へと減少していった。それと呼応するかのようにいわゆる在宅でケアを受ける高齢者の数と割合が増加していった。すなわち、在宅ケアを受けている高齢者の数は、2000年12万5,324人で、全高齢者の8.2％、2004年では、13万2,300人で8.5％、2007年には、15万3,700人で9.7％まで増えていった[15]。

そして、2008年ごろ以降サービスハウスから高齢者の介護拠点としての機能がそがれ**安心住宅**（trygghetsbosatäder）へと徐々に改築されていった。

安心住宅は、2010年の「高齢者に安心住宅を供給するコミューンの権限に関する法律」によって施行された一般でも特別でもない第３の住宅である。安心住宅は、バリアフリー設計であり、アラームが設置され、食堂兼共用スペースがあり、アクティビティのための職員が配置される。75歳から入居可能である[16]。

ダーレンサービスハウスに よく いらっしゃいました

ここの内容について簡単にのべてみますと 次の通りです。

一　建物は 3棟 からなり立っています。　A棟＝1階，住宅階は 2, 3階、
　　B棟＝住宅階は 3, 4階、　C棟＝住宅階は 2, 3, 4階 と グループ住宅

一　住宅計 276戸、居住者数 350人

一　職員数 約115人

一　24時間 態勢

一　警報システムは 3種類あり 安全警報（24時間のトイレシステム）、クイック
　　警報（ボタン式）、ルーム警報（電話式）

一　廊下には 火災警報器（煙感知器）の設置あり。住宅にはなし。

一　各エレベーターには 階毎に 火災消化器あり。

一　受付け窓口は 月〜金曜 8〜12時、13〜16時の間オープン。Tel 39 95 55

一　居住者用 洗濯室

一　レストラン

一　図書室

また これらのほか 周辺には 銀行、郵便局、スーパーマーケット、美容・理容院、プール、
地下鉄・バス、薬局 など あり。

安全警報：これは 24時間 トイレの水を流さなかった場合 受付けにある 警報パネルに
そのことが知らされます。不在にする場合 その旨を 受付けに 連絡しておかなければ、職員は
合カギで 入ることになります。合カギがない場合は その専門家に依頼して ドアを開け
入ることになります。その費用は 本人持ちとなります。在宅の時は 上の内カギは 使用しないで
下さい。これは貴方自身の 安全のためです。

デイルーム：いろいろな共通の活動の場として デイルームがあります。また 例えば
広い場所が必要となる 大きな誕生パーティをやるような 時には このデイルームを 借り切る
ことができます。ホームケア主任に 連絡をして下さい。

評議会：評議委員は ハウス内外からの地区住民で構成されます。会は主任とホームケア主任も同席して一定期間毎に行われています。ここで地域内及びハウス内のことについて議論されます。またハウス委員というセクションがあってサービスハウス内の個的な興味.意見などを聞き入れています。

援助内容：職員の手助けが必要になった場合は ホームケア主任とヘルパーいっしょに家庭訪問を行い.その必要度を決定します。外からの考えとしては〝自己援助への援助〟ということですが、つまり貴方が自分でできないことについて職員が手助けするということです。必要があれば作業テラピストが補助器具を用意し生活をより円滑したりもします。職員ガイドとしても自分達の労働環境に要望があります。例えばも清掃の手助けをする場合、きちんとした清掃道具を用意してもらう必要があります。またベッドメイキングをしてもらう場合は その作業が問題なくたやすくできるように十分なベッドの高さがなければいけません。こういった援助の機能をよりよくするために.時に部屋の模様がえといったこともありえます。

食事づくり：職員は食事づくりの手助けはしません。外食したい場合は1階にあるレストランでも食事することができます。そこまで自分で行くのが困難な場合は職員が その食事を届けることができます。また各階には共通のダイニングルームが有りそこで食事することもできるのです。

洗濯：白物の.つまりタオル.シーツ類の洗濯の援助はされません。希望者は一定の自己負担額で タオル.シーツ類の取り変え.洗濯をしており.警備員が その補給係をしています。その他 着るものの洗濯については 職員が援助することもできますその場合、洗濯物をスムーズに運べるよう 洗濯カゴを用意して下さい。

趣味・活動：いろいろな活動がありますが、どうぞ参加して下さい。その一例として.織物.散歩、ビンゴ などがあります。

引っ越し： 引っ越ししたり場合、15日 又は 月の最終日に 前もって その旨 伝へてもらうことになります。 ホームケア主任に 連絡を取り 契約書の 解約をして下さい 家具が 運び出される. 清掃が、終った 段階で 受け付けに カギを 返してもらいます。

貴方自身の 安全のために 火災警報器の 設置をすすめます。

私たちに 連絡する 場合の 電話番号は ....
電話してもらう 時間帯は 9時30分 〜 11時 . 又は 事務所に 直接 来ていただく 場合は 火曜と 木曜の 11時〜12時の 間になっています。

ホームケア 主任 ....

そに もう一度. 歓迎の 意を 表します.

そして、いわゆる要介護になった際は、ホームヘルプサービスが入るため、入居判定は必要ない。安心住宅と特別住宅は、介護ニーズがない高齢者とニーズのある高齢者用という風に明確に区別されたことになる。ここでは、いずれにしても住宅であるということが重要であり、高齢者の住むところにケアやサービス、医療を届ける仕組みが日本と異なる点である。

3．ホステル

　ホステルは住居の一形態として存在し、高齢のために虚弱で自分の家で生活できない高齢者や、日常の家事援助サービスを必要とするなど一部介助が必要な高齢者に対し、居住の場とケアサービスを提供している。ナーシングホームで行われるケアを**ハイケア**（high-care）というのに対し、ここでのケアは、**ローケア**（low-care）と呼ばれていた。

　看護師は常駐しないが、ヘルパーが24時間待機しているため、居室の掃除やシーツの交換などの家事援助サービスが提供される。なお、居住者の費用負担のうち定期支払は年金の一律85％だが、施設によっては入居一時金が必要な場合もある。

　1996年度のベッド数は、59,497床といわれており、それまでの10年間で約1.7倍になっている。また、近年、**レスパイトケア**[17]が増えており、年間21,710人の利用となっている。利用者の75％が女性で、60％が80歳以上の女性である。65歳以下は、2％にすぎない。利用者の8割以上が6か月以上の長期滞在をし、平均滞在期間は、746日におよんでいた。

　この流れを受け、オーストラリアでは2013年高齢者ケア改革を行い、日本のいい方をすれば施設ケアにあたる長期居住ケアとレスパイト居住ケアに分けてケアサービスを行うようになった。オーストラリア政府統計局によると、2014〜2015年には、70歳以上の高齢者のうち9％が長期居住ケアを受けており、2％がレスパイトケアを受けていた。また、80歳以上の高齢者のうち30％が長期居住ケアを受けており、6％がレスパイトケアを受けている。そして、2013〜14年には、65歳以上人口の2.4％がホームケアを受けていた[18]。

サービスハウスにしろ、ホステルにしろいえることは、そこに住むことも含めて生きているかぎり自分自身の人生や生活を自分で決定する自由や権利が保障されているということである。こうした入居高齢者に対する配慮をケアといい換えるならば、生涯にわたるケアが実現されている。すなわち、日本のいい方をすれば、終の棲家となる。

　交通の便、買い物の便、医療へのアクセスがよく、スポーツ施設、コーヒーショップなどが近くにあり、部屋のなかには……と具体化すればきりがないが、自分が実際住んでみたいかどうかが見学や家族の入居の際の判断の決め手となろう。

■ 第5節 ‖ 「ケアのこころ」と文化

　話をもとに戻すと、辞典的なもともとの意味のケアとは、「心配、心づかい、世話、保護、看護、関心事」などであり、自分自身の痛みを感じる気持ちから表れた他者への気づかいをいう。また、①相手をあたかも自分として感じとること、②「コントロールされた感情移入に基づいた他者への関与」がソーシャルワーカーへの説明だ。このようなことを行うには、援助者に信念に基づいたケアマインドがなくてはならない。ケアマインドとは、いつでもどこでも助けが必要なゲストを気づかうことにほかならない。

　ヘルパーの業務は「何らかの日常生活上の障害がある要介護者の自宅を訪問し、食事、排泄、入浴など必要な介護や掃除、洗濯等の家事援助、相談援助を行う」ことであり、職位として行うというよりも、その魂から発する行為として位置づけられる。

　ケアが、「魂から発する行為」といってもわかりにくいと思われるので、ターミナルケアの場面を例にとって、少し説明したい。

　オスピス・ド・ボーヌ（Hospice de Beaune）は、救済院から生まれたワインだということは有名だが、その救済院がホスピスだったことは、あまり、知られていない。

ボーヌのホスピスは、建築物としてあるいは芸術として、ハード的にも並外れたものでしたが、その内部には、より大切なソフトがありました。そこには、死にゆくひとの心と体をケアするため、疲れを忘れて働くナースやボランティアたちの一群がいたのです。

　……中世の画家が描いたボーヌのホスピスの絵がありますが、そこには、地域住民みんなが参加して、終末期のケアをする場面が芸術的に描かれています。

　……この絵には、食事を提供する町の市民、介護する看護師、遊んでいる子供たち、歌っている声楽家、さらには、悲しみを和らげてくれる動物まで、実にさまざまなケアの様子が描かれています。

　……この建物は宗教的な礼拝の場所ではなく、一般市民のための救済院だったからです。介護のすべての分野が統合されていました。身体のケアには魂のケアが必要であるという信念が、このホスピス理念の中心でした。

　このホスピスの創設者ニコラ・ロランの言葉に示されるように「その国の良さを測る唯一の尺度は、最も貧しい人が終末期にどのようなケアを受けるかである」のだ[19]。

　おそらく「**看取り**」ということを行うのは、人類だけであろう。この看取りのなかにこそケアの本質がある。そう単純ではないが、愛する人の死に直面することにより、自らもまた「死すべきもの」であるという意識とともに人というものの無力を感じずにはおれない。そういった死生観と無力を携えて、愛する人の最期の瞬間まで「ともに歩み（Zusammenhalen）あるいは共に生きようする（Zusammenleben）」ところに "ひと" の看取り文化の本質がある。

　異なるのは「ともに」の部分なのである。いかに共にあるかという点で、各文化コードによる指示はさまざまである。ここでは、詳しく述べている余地はないが、年老いた人が、家族と共にいることが当たり前の文化と、一人暮らしが一般的な文化と、それらが混在する文化ではケアのあり方がまったく異なる。また、こうした観点からは北欧の個を中心としたライフスタイルをもつ人びとのケアと、まだまだ（日本のように）高齢者の３割以上が家族と同居している国民へのケアを同列に扱うことは、大変な誤謬を犯すことになる。ましてや

皮相な愛情論で済ますなどは、あってはならないことである。

　介護保険にしても、ドイツのあるいはオランダの家族介護と日本の家族介護との違いを過小評価したために、大変な混乱に陥ったことは記憶に新しい。文化差の過小評価である。

　しかも、北欧では、早くから高齢者への住居を安定供給し、彼らのもとへサービスなりケアなりを届ける方法がしっかりしているのに対し、現行の地域包括ケアにおいてさえ、弱った高齢者を病院、施設、自宅へのたらいまわしで乗りきろうとする安易さが垣間見える。

　こうしたことからも、その文化なりの合理性とスピリチュアリティを包摂したケアと看取りの作法を大切にした施策が望まれる。

 学習を深めるための本

1．井上誠一（2003）『高福祉・高負担国家スウェーデンの分析』中央法規
2．谷口郁子（2002）『あなたはどんな「老い」を生きたいですか？』アートデイ
3．外山義（1990）『クリッパンの老人たち』ドメス出版
4．仲村優一他（編）（2005年〜10年）『世界の社会福祉年鑑2005－2010』旬報社
5．西下彰俊（2012）『揺れるスウェーデン──高齢者ケア：発展と停滞の交錯』新評論
6．野村武夫（2010）『「生活大国」デンマークの福祉政策──ウェルビーイングが育つ条件』ミネルヴァ書房
7．松岡洋子（2001）『プライエムを超えて』クリエイツかもがわ

クオリティ・オブ・ライフと
福祉文化の概念

> クオリティ・オブ・ライフ（QOL）の概念について論じる。この概念
> は、少なくとも日本では経済学や社会学の領域で使われはじめ、現在では
> 福祉や医療分野のキーワードとなっている。

■■ 第1節 ‖ QOL への注視

　20世紀の終わりごろから、「生活の質」（QOL）という言葉が巷間に流布する
ようになった。そして、現在では、福祉においても医療においても「QOL の
向上」がミッションとされるようになった。

　その原因を探ると、「生活水準」という言葉は死語に近くなり、経済が停滞
するなかでの共生や格差是正への関心の高まりがある。そこには、「物質的豊
かさから心の豊かさ」への価値観のシフトがあった。すなわち、人びとは経済
的にいくら裕福でも幸せと同義ではないことを知った。QOL への問い、すな
わち「真の幸福とは何か？」ということへの古くて新しい、究極の問いが発せ
られるようになった。

　この問いに答えるためには、「人間性と人間関係への深い洞察」ができ、「自
己抑制」と愛他的行動が支配する「新しい意味の豊かさ」を知ることが必要と
なる。QOL の思想の普及とでもいうべき事柄である。こうして、人びとの生
活が徐々に福祉を意識せずには成り立たなくなる。

　ノーマライゼーションに関連させていえば、こうした福祉文化への志向のま

えに、生活のノーマライゼーションの実現がなくてはならないだろう。ノーマライゼーションの原理とは、バンク・ミケルセンによれば、「障害のある人の生活条件を、障害のない人の普通の生活条件にできるだけ近づけることである。」[1] ノーマライゼーションという言葉は、本国デンマークでは死語となっているということだが、いまだに、ノーマライゼーションをお題目のように唱えている国との差は歴然としている。

　つまり、以下の４つのバリア（barrier）による支障のない状態でなくてはならない。４つのバリアとは、①物理的バリア、②制度的バリア、③文化・情報的バリア、④心理的バリアである。

　「物理的バリア」とは、たとえば、車椅子で上れないスロープとか、越えられない段差だとか、視覚障がい者の方が、一人で通れない交差点だとか、盲導犬の入れないスーパーやレストランだとか、日本には無数に存在するたんに障がい者の日常生活を物理的に妨害するものをさす。たとえば、スウェーデンのような国では、（筆者が実証したわけではないが……）車椅子の人が単独でどこまでも移動することができるという。あるいは、一人でオーロラを見に行こうとすれば行けるわけなのだ。うらやましいかぎりだ。

　「制度的バリア」とは、たとえば、24時間ホームヘルプサービスがないと、在宅で希望どおりの生活ができないのに、制度が整っていないため、心ならずも病院にいる人を思えばよい。また、貸与対象器具の修理が効かない、学校に入学させてもらえないなどである。

　「文化・情報のバリア」とは要するに情報不足のことである。たとえば、車椅子の方が、福祉マップがないために旅行ができないなどということのたぐいである。

　また、「心理的バリア」とは、現代でもなお根強い偏見やスティグマ[2]の付与にかかわる心理である。今なお、社会福祉の制度を利用するのは「お上のお世話」になることだと考えているお年寄りがいるし、生活保護制度や一部福祉施設にはいまだにスティグマの意識が付きまとっている。

　ノーマライゼーションを超えてソーシャル・インクルージョンの実現のため

には、政策的・法的・制度的充実と同時に人びとの意識変革が必要であること
は言をまたない。いまだに偏見に加え、無知、無理解、誤解があるからであ
る。

　2つ目は、子供の数が減り、高齢者人口が増えるという人口動態の変化に
よって、誰もが福祉の恩恵にあずかる可能性が高まり、「福祉はすべての人の
ものだ」という考えが広まってきたことによる。最新の人口動態調査による
と、合計特殊出生率は、国際的にもイタリアやドイツと同等の1.3〜1.4（人）台
である[3]。また、65歳以上人口は、3,000万人を軽く突破し、全人口にしめる
割合も27%を超え、イタリア・ドイツを大きく引き離し、世界最高齢国となっ
た。

　このことから、日本でもっとも注目を集めているのは、一人ひとりが長く
なった高齢期の「豊かな生活」をどう演出するかということである。「豊か」
とは、物質的豊かさのみをさすのではない。はやりの言葉でいえば「こころの
豊かさ」であり、高いQOLである。このことこそ、国レベルでの福祉文化へ
の関心の高まりということができよう。それは、ただたんにどうやって生存し
ていくかではなく、どうより良く、幸福に生きていくかについての関心という
ことになる。

　3つ目は、2つ目とも関連するが、「精神の福祉化」があげられる。最終的
に、「協力社会」の人びとの行動は「利他主義」であり、関係は「互恵」であ
り、集団は「互助」への志向性が強く読み取れるものである。

　この行動・関係・集団は、「**贈与思想**」によって束ねられている[4]。贈与思
想は、生活文化の創造と深くかかわっていて、もともと、この思想特有の無償
性は人が生きるにあたってなくてはならないものである。いわゆる「交換社
会」では、いつの間にか交換手段としての貨幣が「シンボル」と化し、貨幣シ
ンボル追求のみを過度に重視する経済の支配が広まる。

　しかし、一方でこの有償の世界に「無償」の領域も存在している。たとえ
ば、高齢者の生活に関係の深い社会保障制度という名の贈与の仕組み（年金制
度）がそれであり、それは一定の人びとが生を全うするために不可欠である。

経済学でいえば、年金とは「贈与経済」の一種であり、その機能が大きく期待される。

このことをやや学術的にいうと「交換原理から贈与原理へ」の価値観のシフトがあった。贈与原理とは、冷たい等価交換から恩と義務、相互作用する人の思いが残る「贈与経済学」へのシフトという意味である。そのなかで関係性も「対等から互恵へ」と変化する。対等が等価交換であるのに対し、等価性を超えた永続性のあるやりとりである。「市場経済から統合経済へ」というベクトルもある。スウェーデン、デンマーク等の北欧のように、生産は自由競争主体の資本主義、分配は、大きな政府による計画主義といった福祉国家の中核をなすであろう価値観への変革が描ける。

現行社会保障制度のもとでは、たとえば、子ども・障がい者・高齢者は主に「受け手」（ゲスト）の側にある。そこで、「利他行動」としての贈与、与えることの大切さが強調される。と同時に、与え手となる者（ホスト）の姿勢も問われる。ゲストは、贈与のもつ「愛」にこたえなくてはならないから、福祉に向かう生活文化、すなわち、福祉文化は、人びとの「こころのあり方」に関係する。そして、この福祉文化という仕組みは、「ホストとゲストとの協働的はたらき」によって高められていくと考えられる。すなわち、ホストは、それが福祉サービスであろうと与えることを特別だとは思わず、ゲストも受け取ることを特別だとは思わず、互いにそうあることを喜びとするようなあり方の希求なのである。

唐突かもしれないが、ここで、リーチ（Leach, E.）の互恵性の解釈を思い浮かべよう[5]。ある目にみえる贈与に対して、「ほほえみ」であるとか、「感謝の言葉」だとか、時間をかなりおいたお返しだとか、そのときには目にみえないお返しが確認される場合を「互恵」という。こういった「互恵関係」が、ネットワーク化し、拡がっていき、「互助」社会となる。互助社会とは、もちろん「人に優しい社会＝文化」であるということは間違いない。

このように、生活のさまざまな分野が福祉化せざるをえない時代にあっては、イデオロギー、社会観、あるいは世界観も、福祉化にともなって変わらざ

るをえないのである。それは、20世紀の先進国型、自由・資本主義型福祉国家のもっていた方向性とは異なるベクトルを示すものである。

■■ 第2節 ‖ QOL とは何か？

　こうして、人びとがQOL（生活の質）を追求しはじめてしばらくすると、それが福祉と医療の金科玉条になってしまった。次に、QOLの向上が福祉文化向上の必要条件であることを示したい。

　福祉文化を「すべての人びとに人権とQOL、自己実現が保障されるやさしさの文化」であるとすれば、誰もが、自分の住む地域社会のなかで、周りの人たちと支えあいながら暮らし、共に学び、共にレクリエーションをし、音楽や劇・映画を楽しむなど、人間らしい生活を共に享受できるということである。すなわち、それは、共生や助け合い、ヴォランティア活動、ノーマライゼーションやソーシャル・インクルージョンの推進がふつうのこととして行われている文化である。

　そこで、同語反復になることを恐れずに、QOLの概念について掘り下げたい。それほど、QOLという言葉が濫用されている。20世紀後半高齢化の進展にともない、「生活の質（QOL）の向上」ということがさもそれを目的として社会全体が動いているかのように、意味内容が問われないままに一人歩きしてきた。そういったなかでの議論を分析すると、共通項として以下の5つの要素を含んでいたようだ。

1. 評価・尺度概念

　まず1つは、それは評価概念であること。「高い」あるいは「低い」といった用語、そして「維持」という表現がよく用いられるのは、粗いかもしれないが評価や尺度の基準として用いているからである。最近では、医療機関を中心に、基準あるいはミッションを設けてケアをすることが当たり前になっている。しかし、後述するように、健康やライフスタイルは、個人の属性といって

よいくらい個別差のあるものだから、医療行為とその結果を適切に把握しても、あくまで医療側の論理によって構成されるきらいがある。

2．目的概念

20世紀の終わりには、多くの自治体発行の冊子、政府刊行物には、このとおりではないにしろ「生活の質（QOL）の向上を目指して」に類したフレーズが散見される。たとえば、1995年の「障害者プラン～ノーマライゼーション7か年戦略～」では、「障害者のコミュニケーション、文化、スポーツ、レクリエーション活動等自己表現や社会参加を通じた生活の質的向上を図るため、先端技術を活用しつつ、実用的な福祉用具や情報処理機器の開発・普及を進めるとともに、余暇活動を楽しむことのできるようなソフト・ハード面の条件整備を推進する」（下線筆者）とされている。

しかし、ここでQOLが意味していたことは、漠然と生活の望ましい、ありうべき状態ということだけで、具体的内容は示せていなかったといってよい。

3．個人と地域のQOL

どの領域のどんなQOLを問題にしているか、どのレベルのものかによって、その内容は変わってくる。たとえば、個人のQOLと家庭のQOL、地域社会のQOLに違いが生じることについては、誰もが納得することである。

五十嵐正紘は、地域医療を論じるなかで、個人のQOLを以下のように具体化している[6]。

① 人生観、価値観、イデオロギー、宗教
② 生命観、死観
③ こだわっているもの、大事にしているもの、人に触られたくないもの、秘密にしておきたいもの
④ 趣味、楽しみにしているもの
⑤ 仕事
⑥ ライフワーク、人生目標、生きがいにしているもの

⑦　家庭、家族、友人

そして、家庭の QOL、地域の QOL は、以下の事柄をめぐって考えられるとしている。

① 老いの価値→ QOL に地域が手を貸すプラスの評価
② 生きがいの支援→ありのままの価値の自覚
③ 共生→総合医療、介護者の QOL、他人の手
④ 援助者の確保

4．個人心理と環境要因

従来、QOL の定義には、その中心課題のとらえ方で、生活者の意識面を中心に考える立場と、生活者のおかれている環境状態で考える 2 つの立場に分かれる[7]。前者でいえば、ダルキーは、「個人の満足感・不満感、あるいは幸福感・不幸感」と考えている。これに対し、ベンは「人びとの裕福、満足な生活にするためのシステムの創造」と定義しており、生活の質は社会環境にあるとしている。

両者とも、広義の社会指標によって、測定できる。単純に考えると前者をとらえるのが主観指標であり、後者をとらえるのが客観指標である。これらには、共通基盤があって、これを「生活評価概念」ということがある。すなわち、生活者の意識面を中心課題とした立場の概念は、その生活評価を直接的に扱おうとしたのであり、環境条件を中心課題とした立場の概念は、その生活評価意識を引き起こしている生活の場に注目したのである。

5．領域別内容（とくに医療と福祉）

また、医療と福祉または経済学において、そして、医療・福祉分野内においても異なった使用法がみられる。たとえば、ホスピス研究の第一人者である柏木哲夫は、『死を看取る医学』（1997）のなかで、クオリティ・オブ・ライフのクオリティを「質」とは訳さず、「中身」と訳すことによって、末期医療にかかわる自らの姿勢を示そうとしている[8]。柏木は、WHO（世界保健機関）が

行っている "Adds life to years" というキャンペーンを取り上げている。この場合の years というのは、生きている期間のことで、全体では人生の長さ、クオンティティ（quantity）という側面だけでなく、その間にどのような質の高い生き方ができるのか、どのように充実した年を重ねることができるのか、という人生の中身に重要な価値をおく。すなわち、ただたんに1分でも1秒でも長生きすればそれでいいというのではなく、苦痛から解放されて、充分なコミュニケーションもとれて、精神的にも豊かな状態で死を迎えることができるかどうかが重要である。

末期患者の QOL は5つの要素をもつという。

① 痛みや他の不快な症状のコントロール（身体の次元）

② 身体的活動の度合い（身体の次元）

③ 精神的充実度（こころの次元）

④ 社会生活の充実度（こころの次元）

⑤ スピリチュアルな満足度（魂の次元）

ターミナルステージの症状として、痛みとか、吐き気とか、非常に頑固な便秘とか、そういう不快な症状、それに体のだるさ、息切れというものが付け加わったときには、「命の質」が落ちてしまうと考えられる。患者は、そのような苦しい状態でただ時間的に長く生きていてもいやだ、もっと人間らしい生活をしたいと思うようになる。したがって、たとえば歩くことができるかできないかということが、日々の生活のなかでは、重要性を帯びてくる（身体活動の度合い）。

体の痛みから解放され、身体的な活動の度合いがある程度高まっても、もしその人のこころに強いストレスがある場合、QOL が高いとはいえない。また、入院している患者は、外出をしたい、病棟にばかりいると気分が晴れないので外泊してみたい、というような「社会的ニード」[9] も尊重される必要がある。それから、「実存的満足」（スピリチュアル・ウェルネス）も不可欠であるとされる。「なぜ私がこんなに若くして死ななくてはならないのか？」という精神的苦悩というよりは魂の苦悩を何とかしなくてはならないだろう。それをスピリ

チュアルケア（spritual care）という。

　ここまでの議論を整理したい。まず、1980年代までの医療の目的は、Quantity of life であったといえる。そこで行われているのは、主に治療（cure）であった。

　それから、人間は、生物学的存在であるばかりでなく、家族、地域社会、経済活動の一部でもあり、それらの関係性のなかの価値や人間発達を目的として、ケアが行われるようになった。それが21世紀になると、ゲストは全人的存在として位置づけられる。全人的存在とは、人として、人生の目的や意味を追求するものである。であれば、援助とは、そういった営みのコパートナーあるいはオブザーバーであることしかできない。ケアとは、こうした全人的存在としてのゲストに寄り添うことになるのだ（ホリスティック・ケア）。

　福祉の分野からも一例をあげておこう。東京都養育院が行ったシンポジウムの一部門では QOL を構成する3つの側面は、生活の主体である個人、それを取り巻く環境条件、そこで繰り広げられる個人の生活行動であるとされた[(10)]。これらのうちのどれかを重視する立場や、これらすべてを含めた総合的な概念を QOL とする考え方など多様な立場がある。東京都老人総合研究所では、QOL の概念を暫定的に「個人がその能力と個人を取り巻く環境・資源を活用して実現している生活行動の質」としている。サービス提供者の立場からは、ゲストの日常のごく小さいと思われることにも気を配り、その人がちょっとした幸福感や満足感、あるいは自己肯定感などをもてる方向で行動している状況をさす。

　医療・福祉の連携がようやく実現しつつある昨今、それに社会学や心理学、経済学などを視野に入れた学際的 QOL 研究が待たれる。

　しかし、QOL のさまざまの定義を概観して暫定的に定義してみると「生活者の満足感、充足感、幸福感そのものを規定している要因群のすべて」をさすこととなる。ただし、ある人が QOL という言葉を用いるときには、その人自身の考えや価値観が強く反映されることになる。そして、生活者や利用者の満足・充足を考えること自体に「ゲストを利する」という目的性が内包されてい

ることを忘れてはならないのである。

■ 第3節 ┃ QOL を高めるには

　上述したとおり、QOL の概念をどんなものであると考えるにしろ、考えよ
うとする行為自体に、ある志向性や態度が内包されている。イギリスの政治家
は、「クオリティ・オブ・ライフ（QOL）を高めよう」というスローガンをよ
く用いるらしいが、言葉よりも、自らと人びとのよりよい QOL 向上のために、
何をなすかということこそが重要である。

　したがって、それぞれ、かかわる立場や職業によって、高めるべき対象が異
なる。一例を紹介する。スウェーデン社会保険庁が1991年に行った「グループ
ホームの経済的効果」という報告では、痴呆性老人の生活の質を5項目に分
け、点数化しているのを山井が紹介している[11]。

表7－1　スウェーデンにおける痴呆性老人の生活の質

	グループ ホーム	老人ホーム	ナーシング ホーム	自　宅
安心感	4.0	4.0	4.0	1.0
選択の自由	4.0	1.0	1.0	5.0
スタッフの多さ	4.0	4.0	4.0	2.0
継続性	4.0	3.0	3.0	1.0
ケア	3.8	3.0	2.2	2.8
生活の質（まま）	3.96	3.00	2.84	2.36

出所：山井和則（1996）

　ここでの「生活の質」は、「安心感」「選択の自由」「スタッフの多さ」「継続
性」「ケアの質」の平均点だ。検討されている4つの生活環境の点は、それぞ
れ、グループホームが3.96、老人ホームが3.00、ナーシングホームが2.84、自
宅が2.36となった。点数化にいくぶんかの恣意性もみられ、政策正当化の意図

がみえ隠れもするが、痴呆性老人にもっとも適した生活環境は、グループホームということになった。

ところで、松村祥子によると[12]、生活を組み立てている時間・空間・意識も含めた生活の総合的・構造的問い直しが必要であるという。

ある人のQOLが高いかどうかは、第1に、ものやサービスの必要量を必要な形で保有しているか、第2に、その耐久性、継続性は保証されているか、第3に、その生活内容はその個人が属する社会や時代のなかで妥当性をもっているか。第4に、その生活様式は生活主体の自己実現や創造的生活を促すものであるか、という観点からの生活評価が必要であるという。

QOLを内実のある言葉として、科学的根拠をもたせるため、いくつかの基準を設けたい。

（1）平和と安全

　多くの国で「福祉は平和から」と指摘されているように、生活の根底に安全保障の問題がある。スウェーデン・モデルの重視する8つの価値にも平和が盛り込まれている（①自由、②平等、③機会均等、④平和、⑤安全、⑥安心感、⑦連帯感・共同、⑧公正）。日本においては、平和に加え、災害や犯罪に巻き込まれる可能性が小さいことが大切である。

（2）選択可能性

　次に、個々の生活者が可能ないくつかのライフスタイルのうち、自分の好みや適性、志向にあったものを選択できることが不可欠である。

（3）「クオリティケア」への接近可能性

　そして、こころならずも要介助・介護になったときに、必要適切なケアが受けられることは必要条件である。

（4）継　続　性

　安全やライフスタイル、ケアの利用に継続性が必要であることはいうまでもない。

（5）生きがい

　これら環境から提供される生活が、個々の生きがいや自己実現に結びつくこ

となどを検討してみる必要があろう。たまたま住所のある地域によって生活の質の指標値が大きく異なるようでは、改めて権利問題が持ち出されても致し方ないであろう。

■■ 第4節 ‖ QOL と福祉文化

　これまで、述べてきたことから明らかなように、QOL は、総合的な概念であり、しかも個別化した概念である。したがって、第2章で述べた福祉文化についてのメモ書きの視点を、集団や社会ではなく個人におけば、共通項を導き出すことが可能である。

　ここでは、
「④　福祉文化は、（概念として）複数扱いされる。すなわち、多様性がある。
　⑤　世界中の多様な福祉文化はすべて対等である。
　⑦　福祉文化が「人びとの幸福のための共同生活にまつわるコードの体系」であるとすれば、人類普遍のコードと諸地域個別のコードがある。
　⑧　福祉文化は、目的概念である」に注目する。
　これらから敷衍して、QOL に関しても以下の言明が成り立つ。
「1　QOL は、（概念として）複数扱いされる。すなわち、多様性がある。
　2　人びとの QOL はすべて同じ重さである。
　3　人類普遍の QOL と個別の QOL がある。

QOL の概念	福祉文化の概念
人や地域それぞれに QOL がある	社会集団ごとに福祉文化がある
平等性	平等性
目的性	目的性
満足度・充足度・幸福感とそれに影響するもの	人権・QOL・自己実現の保障
客観化しうる指標	やさしさと共生のためのコード

4 QOL は目的概念である」。

こうすると、さまざまの機関や組織あるいは地域において QOL をミッションとすることができるのである。

 学習を深めるための本

1．岡本栄一他編著（1995）『誰もが安心して生きられる地域福祉システムを創造する──共生と優しさの社会』ミネルヴァ書房

2．岡沢憲芙（1996）『スウェーデンを検証する』早稲田大学出版部

3．金子勇・松本洸（1986）『クオリティ・オブ・ライフ』福村出版

4．佐々木交賢他（2003）『高齢社会と生活の質』専修大学出版局

5．日野原重明・阿部志郎編（1994）『クオリティ・オブ・ライフのための医療と福祉』小林出版

hapter 8

ソーシャルワークの
比較文化論

ソーシャルワークの定義からはじまり、ティームケアの本質までを論ずる。これらはすべての援助職の仕事に当てはまるし、福祉職のみならず医療関係者においても押さえるべきポイントが含まれている。

■■ 第1節 ┃ ソーシャルワークの定義

　国際ソーシャルワーカー連盟のソーシャルワークの定義では、「ソーシャルワーク専門職は、人間の福利（ウェルビーイング）の増進を目指して、社会の変革をすすめ、人間関係における問題解決を図り、人びとのエンパワーメントと解放を促していく。ソーシャルワークは、人間の行動と社会システムに関する理論を利用して、人々がその環境と相互に影響しあう接点に介入する。人権と社会正義の原理はソーシャルワークの拠り所とする基盤である」とされている[1]。

　つづけて、「様ざまな形態をもって行われるソーシャルワークは、人びととその環境の間の多様で複雑な相互作用に働きかける。その使命は、すべての人びとが、彼らのもつ可能性を十分に発展させ、その生活を豊かなものにし、かつ、機能不全を防ぐことができるようにすることである。専門職としてのソーシャルワークが焦点を置くのは、問題解決と変革である。従ってこの意味でソーシャルワーカーは、社会においての、かつ、ソーシャルワーカーが支援する個人、家族、コミュニティの人びとの生活にとっての、変革をもたらす仲介

者である。ソーシャルワークは、価値、理論、および実践が相互に関連しあうシステムである」という解説がある。

ソーシャルワーカーは人道主義と民主主義に根ざしている。すなわち、人間存在の平等性、価値、尊厳に基盤をおくが、その行為はあくまで当事者のもつ潜在能力を引き出し、生きる力をもてるようにするためのあらゆる資源を利用することをとおして行われる。

■ 第2節 ‖ 日本の援助職

1．少子高齢社会において求められる人材

ここまで、福祉文化を学ぶてがかりや考え方についていろいろな角度から述べてきたが、ここでは、日本における福祉の専門家、とくにソーシャルワーカーがどのような位置づけになるのかをみていきたい。

日本の社会福祉システムのなか、大学教育で得られる資格が、まず、第1に「社会福祉士」（正確には受験資格）である。ソーシャルワーカーとしての社会福祉士とは「専門知識及び技術をもって、身体上もしくは精神上の障害があること又は環境上の理由により日常生活を営むのに支障がある者の福祉に関する相談に応じ、助言、指導、福祉サービスを提供する者又は医師その他の保健医療サービスを行う者その他の関係者との連絡及び調整その他援助を行うことを業とする者」[2] のことである。

1997年に精神保健福祉法が制定され、精神保健福祉士のコースをおく大学も増えている。精神保健福祉士とは、「精神障害者の保健及び福祉に関する専門的知識および技術をもって、精神科病院その他の医療施設において精神障害の医療を受け、又は精神障害者の社会復帰の促進を図ることを目的とする施設を利用している者の地域相談支援の利用に関する相談その他の社会復帰に関する相談に応じ、助言、指導、日常生活への適応のために必要な訓練その他の援助を行うことを業とする者」[3] である。

さらに、ケアワーカーとしての介護福祉士とは、「専門的知識及び技術を

もって、身体上又は精神上の障害があることにより日常生活を営むのに支障が
ある者につき心身の状況に応じた介護（喀痰吸引その他その者が日常生活を営むのに
必要な行為であって、医師の指示のもとに行われるもの［厚生労働省令で定めるものに限
る］を含む）を行い、並びにその者及びその介護者に対して介護に関する指導
を行うことを業とする者」のことである[4]。

　これらの資格ができた当初に比べ、現在では、業務が複雑化し、つねに政策
へのアンテナを張って勉強していないと対応しきれない。高齢者福祉分野で
は、現今の介護保険制度下では、介護支援専門員（以下ケアマネージャー）を目
指すのが妥当かもしれない。ケアマネージャーは、市町村の依頼を受けて、要
介護認定を申請した人の家を訪問調査して、アセスメントを行い、ケアプラン
を立てる。このアセスメントは要介護認定といわれる。

　このケアマネージャーになる条件は、医療または福祉関係の主要な国家資格
をもっていて[5] ５年以上の現場経験があるか、あるいは福祉・介護の分野で
10年以上仕事をしていることである。すなわち社会福祉士・精神保健福祉士の
資格を取った人は５年でいわゆる「ケアマネ」になることができる。

　ケアマネージャーの資格試験と一般に呼ばれているものは、「介護支援専門
員実務研修受講試験」である。これは、ケアマネージャーとしての仕事をする
ための研修を受ける資格の試験である。したがって、ケアマネージャーの資格
を得たということは、法的には、「ケアマネージャーの実務研修修了証明を受
けた」ということになる。

　こうしてみると、日本におけるソーシャルワーカーの仕事は極度に限定され
たものにみえてくる。しかし、自治体には、生活保護を扱ういわゆるケース
ワーカーがおり、家庭児童指導員もいる。ソーシャルワーカーの仕事も縦割り
にされているのである。

２．保健医療との連携のなかから　——医療ソーシャルワーカー——

　学生のなかには、病院のソーシャルワーカーとして働くことを希望する人も
多い。いわゆる医療ソーシャルワーカーである。「役割は、医療ティームに協

力して、疾病や心身障害などが生じたことがきっかけで起こる患者・家族の心理社会的問題や、職業、家庭生活あるいは医療費、生活費などの生活上の問題について、社会的原因を明らかにし、心理的に支えたり、医療・福祉機関・施設を紹介したり、各種社会保障や社会福祉の制度を紹介・活用しながら、それらの問題を患者や家族が自立的に解決することにある」[6]。

　神奈川県の北里大学病院と北里大学東病院では、ソーシャルワーカーの職能を以下のように分類している[7]。

職能の概要

Ⅰ　心理・社会的問題をもつ患者家族に対する援助
　Ⅰ-1　問題の把握と評価
　Ⅰ-2　援助の実施
　Ⅰ-3　援助の記録と管理、援助の評価とフィードバック
Ⅱ　医療チーム、地域保健福祉のコーディネーション
Ⅲ　社会資源の収集と開発、情報管理
Ⅳ　ソーシャルワークスーパービジョンおよび一般教育

　患者や家族のもつ悩みに同化し、その解決を図るのが医療ソーシャルワーカーの務めであるが、医療機関でのソーシャルワークの場合、チームアプローチが重要視される。以下では、チーム内でのソーシャルワーカーの位置付けについて考察する。

■■ 第3節 ┃ 医療チーム内におけるソーシャルワーカー

　病院でのチームケアというときにまず思いつくのがホスピスケアにおけるソーシャルワーカーの役割である。

　死に瀕した患者に対し、トータルとしてさまざまなケアを提供するなかの1つの役割を担う職業としてソーシャルワーカーがある。

ホスピスというのは、全米ホスピス協会の定義によると「末期患者とその家族を、家や入院体制のなかで医学的に管理するとともに、看護を主体とした継続的なプログラムで支えること。このためにさまざまな職種の専門家で組織されたティームで行動し、末期に生じる病人や家族の身体的、精神的、社会的、霊的（まま→本書ではスピリチュアル spiritual）な痛みを軽減し、支えること」である。

　この場合、患者（ゲスト）を「病気をもった人間」と考え、すなわち、全人的に苦悩しつつある人間を全人的アプローチでケアしていくのがティームケアであり、それぞれ専門性をもったスタッフが協力するものである。

■■ 第4節 ‖ 人間の全人的痛み

　こうした場合、4つの痛みが存在し、それぞれに対応する専門家がいる体制

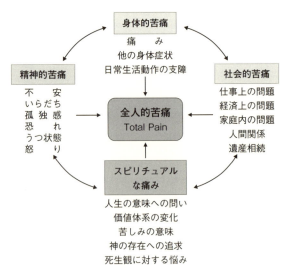

図8－1　**全人的苦痛の理解**（恒藤暁（1999）『最新緩和医療学』
　　　　医学社、P7を改変）

が敷かれる。この考えは、シシリー・ソンダースの近代ホスピス運動によって浸透した。したがって、上記のホスピスの定義は、ソンダースによるセントクリストファーホスピスに原型をみる[8]。

1．身体的痛み physical pain

ゲストは、身体の痛みをはじめ、全身の倦怠感、食欲不振、便秘、不眠、呼吸困難、嘔吐などの身体的症状に苦しむ。さらに、耐え難い苦痛は人間としての尊厳を損なわせ、安易な死に結びつきかねない。また、麻痺や全身衰弱のために日常生活動作が阻害されると、援助や介護が必要になる。

この場合、身体の痛みは、医師、看護師、薬剤師等が担当し、リハビリについては理学療法士や作業療法士があたる。また、人工肛門のある患者には、ストーマ療法士が管理にあたる。必要ならば、言語聴覚士が加わることもある。

2．精神的痛み mental pain

ゲストの精神的痛みは、不安、いらだち、孤独感、恐れ、うつ状態、怒りなどがある。加えてゲストはさまざまなことへの喪失感にさいなまれ苦しむのであり、このことへの援助の基本は傾聴であるから、精神科医や心理カウンセラーなどのこころの専門家のほかに、看護師、ソーシャルワーカーなど話を聴ける状態の人たちがその任にあたる。しかし、現状の医療現場では、患者のこころの痛みに充分対応しきれていないのが実情のようである。少なくとも、患者のニーズの把握が甘い。また、最近になり傾聴ヴォランティアなどの役割も重視されるようになってきているが、デリケートな場面だけに導入に慎重な医療機関が多いとも聞く。

3．社会的痛み social pain

ゲストは、上記の痛みに加えて、入院にともなう経済的な問題や周りの人との人間関係について悩むことがある。また、最近では病気と共存しながら、地域での生活を望む患者さんが増加しつつある。そういった人たちの地域での生

活をサポートするシステムやネットワークづくり、または当事者グループ・自助グループ等への支援が課題となってきている。さらに、家族にとっては、葬儀や遺産のことまでが悩みになっていることがある。このような社会的痛みについては、主にソーシャルワーカーが対応することとなっている。

　21世紀の福祉・保健・医療の課題は、看取りもがんの末期患者も地域包括ケアのなかに組み込まれていくことであろう。そして、ケアは地域でということになれば、医師はもちろん、コミュニティ・ソーシャルワーカー（CSW）や訪問看護師、ホームヘルパーなどの活躍が不可欠となる。しかし、ここでも問題が山積している。在宅緩和ケアが日本のすべての地域で実現するには、一定の時間を要すると考えた方がいい。

4．スピリチュアルペイン spiritual pain

　実存的痛み（existential pain）といわれることもある。窪寺によると「不治の病になったとき、肉体的苦痛に加えて、職業を失い、家族に負担をかけ、将来は不安定になる。するとこれまでの『生きる枠組み』が崩れて人生の意味・目的が崩壊してしまう。『生きる枠組み』をつくっている条件や生きる意味が揺れ動き、自分の意思や能力で自分をコントロールすることが不可能になり、襲ってきた不幸を受け止められない拒否的感情、不安、恐怖、無力感に襲われる」[9]ことである。自己の存在自体が揺さぶられるのだ。このことをさして「霊的苦痛」や「魂の痛み」というのでは、余計に内容が伝わりにくいので、そのまま「スピリチュアルペイン」ということにする。

　キリスト教系の国々では、こうしたときに対応するのがチャプレン（chaplain＝施設付き牧師）またはパストラルケア・ワーカー（pastoral care worker）である。パストラルケアは、もともと、キリスト教信者の共同体の責任者（pastor＝パスター）としての信者への配慮を意味していた。

　オーストラリアのような多文化・多宗教国家では、あえてパストラルケア・ワーカーとは呼ばずスピリチュアルケア・ワーカーと呼ぶことが多い。

　ドイツでは、学校や病院には必ずスピリチュアルケア・ワーカーがいる。見

学させていただいたミュンヘン郊外の軍病院でスピリチュアルケア・ワーカーの名札をみると、まあ当たり前の話ではあるがそのままズィールゾルガー（Seel＝魂の、sorger＝世話人）という肩書きが記してあったので、一同が妙に感動したのを覚えている。

　ところで、日本は無宗教社会であるので、まず、チャプレンやスピリチュアルケア・ワーカーはごく限られた病院にしかいない。また、もっと少ないのが、仏教理念を背景としたターミナルケア施設である。そういったところでは、ビハーラという言葉をよく耳にするが、仏教用語で"休養の場所"という意味であるという。近年、このビハーラにケアを付けてビハーラケアといういい方も耳にする。また、東日本大震災以降は、東北大学を中心として「臨床宗教士」の育成もはじまった。

　ここまで、長々とターミナルケアの場面でのティームケアのあり方について解説したのには訳がある。役割分担が不明確な医療現場において、あるいは心理カウンセラーやいわゆる宗教家たちの配置されていない状況下では、ソーシャルワーカーがゲストの社会的痛みばかりでなく、心理的痛み、ある場合にはスピリチュアルペインも担わなくてはならないこともあるからである。事実、オーストラリアのあるコミュニティホスピス（レディ・デビットソン）では、ケアプラン作成と管理はナースが、身体的痛みは医師が、社会的・心理的痛みはソーシャルワーカーが担うというような役割分担が行われていた。訓練を受けたソーシャルワーカーには、"ゲストの悩みや困りごとを同等の立場で聴くこと"において一日の長があるとみなされるからである。

　そればかりではない。既述のホスピス運動と重なるが、ゲストを一人の人間（total person）として接することと、がん医療での「第2の患者」としての家族へのケアについてもソーシャルワーカーへの期待は大きいのである。

■■ 第5節 ┃ 援助の神髄

　ターミナルな場面での医療の文化比較から発ち現れてきた問題は、くしくも

援助の本質論である。比較文化論的には、援助には普遍性（emic）と多様性（etic）がある。

　普遍性ということでいえば、「ゲストと共に生きる（ドイツ語で Zusammen ＜共に＞ leben ＜生きる＞）」ということが援助であり、「ゲストと共にあること（ドイツ語で Zusammen ＜共に＞ halt ＜ささえる＞）」がケアである。

　これらは、英語では、Walking together といい換えてもよいかもしれない。援助を必要とする人にあえて寄り添いたい人のあり方を一言で表す言葉である。シシリー・ソンダースの "Not doing, but being.（「大切なのは、何かをすることではなく、じっとそこに寄り添いたたずむことである」というような意味）" にもつながるものである。

　ゲストに真に寄り添うことは、たとえ職業であってもつらい。つらい話を傾聴しつづけることもつらい。傾聴してもわかりきれないことは、さらにつらさを増すかもしれない。それでもなお寄り添いつづけることは、援助者ばかりでなく、ゲストをも成長させることになる。

　このことは、通文化的に普遍の真理である。すなわち、援助とは対等な関係のなかで、互いのこころを育てていく営みなのかもしれない。

■■ 第6節 ‖ 援助者の成長のために

　援助職にとって大切なことを "Social Work" の頭文字を使って考えてみたい。現状を一歩踏み越えるための価値だと考えていい。そして、日本の福祉システムのなかでの福祉文化の創造は、こうした価値を一つひとつ尊重することによってのみ可能なのである。

1．Study（＝情報収集）

　援助者にとって、まず、もっとも大切なことは、つねに進歩しつづけることである。福祉職・医療職に関していえば、つねに学習して新しい制度や法律に対応していくことである。ずいぶん前になるが、医師の友人がしみじみといっ

ていた。「国家試験に通って、正式に医師として勤務するようになってからが本当の勉強である」と。このことは、福祉職にも当てはまるといってよいであろう。

　社会福祉の基礎構造改革以降、介護保険も何度か改定をみているし、児童虐待防止法が導入されたり、障がい者の総合支援法が実施になったほか、毎年のように制度の修正が実施されている。めまぐるしく変わる法制度のなかで、利用者の権利を擁護し、QOL を維持していくにはつねに新たな知識を取り入れ、行動していく姿勢がほしい。自らをアップデートしていくのである。そうでなくとも福祉や医療の現場は、研修、研修の連続であるが……。

2．Observation（観察と調査）

　社会福祉の仕事は、人間を相手にする仕事であるから、人間や社会の観察が不可欠である。日常生活の対面的状況（カウンセリングや社会福祉面接）における熟達と、社会福祉調査の技術が必要である。社会調査については、後述する。

　たとえば、毎日の介護においては、ゲストを注意深く観察することがとても大切である。ゲストの人権を守りうるような介護は、ゲストを知ることからしか生まれない。しかし、不確定性理論をもち出すまでもなく、ゲストを知りきろうとすることは、傲慢の極みでもある。したがって、知りきれないという現実と向き合いながら、つねにより深くゲストを知ろうとする営みを、ゲストと共にすることとなる。これがケアの原点である。

3．Communication（＝コミュニケーション）

　また、相談援助は、人を相手にする仕事であるからコミュニケーション能力ですべてが決する。しかし、コミュニケーション能力とはいっても、それが困難な人が多くなったため、第4章のような記述になったが、本来は特別なことではなくて、対面的相互作用を意識したふつうのやりとりができていればよい。

　第4章において、コミュニケーションの段階と要素については、詳述したた

め、ここでは、コミュニケーション能力そのものの記述的説明をしておきたい。コミュニケーション能力とは、人間の力、すなわち社会のなかで生きるための能力であろう。それは、以下の３つに分けて考えることができる。

すなわち、１つは**推測力**である。いい換えれば、コミュニケーションにおいては、相手の意図をくみ取ったり、先を読んだりする力、すなわち**予測力**が大きくものをいう。

次に必要なのは、「ことば」の**運用力**である。これは、そのときの状況、相手のいい方、声の大きさ、表情、視線のありかなど非言語情報を瞬時に読み取り、直ちにコミュニケーションを立て直すことのできる力である。修復力や「返し」の力だといっても過言ではない。すなわちゲストのパララングエッジ、ノンバーバルなコード、状況を瞬時に読み取り、返すことのできる**修正力**である。仲村のいう「SW は、聴き上手でなくてはならない」[10] ということをコミュニケーション論としていい換えるとこうした解釈になるだろう。

話は飛ぶが、就職活動で苦しむ学生に筆者がするアドヴァイスの１つは、これである。面接者の攻めを逆手に取れということだ。プレッシャー面接の場面では、とくに有効である。

そして３つ目の力は、相手の気持ちに配慮した表現形式を選ぶ力、すなわち理性的な**判断力**（決定力）が最後にものをいうことになる。いわば「決め」の行為である。

4．Leadership（リーダーシップ）

施設やケアサービスのティームにおいて、成員に自らすすんで活動に参加し、共通の目標に向かって貢献し、かつ連帯感をもたせるような機能をもつのがリーダーであるといえる。そうだとすると、ときに、ソーシャルワーカーの仕事はリーダーシップを発揮すべき役割を付与される場合がある。

さらに、地域での住民の組織においては、自らリーダーとなることよりもファシリテーターとして、リーダーを育て、支援していくという側面的仕事をするのが本旨となる。

5．Well-being（快適な生活状態）

　ところで、ソーシャルワーカーは、ゲストのどんなことをもっとも大切にすべきであろうか。

　第7章で述べたQOLがその1つである。そして、QOLを追求すると、well-beingにつきあたる。理想的な目標としての「福祉」の英訳は今やwelfareではなく、well-beingである。繰り返しになるかもしれないが、これは、人びとの生活の快適さを総合的に表す言葉なのである。QOLが生活の評価目標概念という側面が強いのに対して、well-beingは、幸福そのものというニュアンスである。

　それから、第7章では触れていないが、QOLを手段的尺度として用いるには、タイムシフトに関する問題や、俗にいうディスアビリティパラドクスの問題があり、批判も多い。

　そこで、一般的・普遍的に福祉という場合の概念としては、well-beingの方が、適切なときもある。

6．Organized care（チームアプローチ）

　一人の人のwell-beingを追求すると、たとえゲストが一人とはいえ、実に多様なニーズをかかえていることがわかる。そうした人間のかかわるべき役割はかなりの数にのぼる。

　たとえば、緩和ケアチームを例にとると、医師は、痛みや症状のコントロールをする専門家である。ナースには、充分な看護技術と共に患者の話をよく聞くことのできる基本的経験が必要であり、自分の意見を医師に伝えることも大切な役割である。

　次にソーシャルワーカーは、まず、ゲストのいわゆる社会的問題（痛み）に対処することが要求されてくる。すなわち、入院にともなう経済的問題であるとか、家族間の人間関係であるとか、担当医師へのクレームなどを聴くというような働きをする。また、たとえば、オーストラリアなら、チャプレンといわれる施設付き牧師だったり、スピリチュアルケア・ワーカーだったりがゲスト

の死への恐れや不安を和らげ、魂の安らぎを与えるよう助力する。スピリチュアルケア・ワーカーは、誠意をもって寄り添い、真剣に聴くだけのことしかしないといっても過言ではない。しかし、一人ひとりのゲストの語る人生の物語は、奥深いことこの上なく、その仕事のデリケートなことは、いくら強調してもしすぎることはない。だからこそ、同じゲストとの毎日の面談も一期一会の覚悟で臨まねばならない。

さらに、このティームには、理学療法士や作業療法士、薬剤師、栄養士、音楽療法士やヴォランティアなどが関与する。ヴォランティアは、患者の日常生活の援助をする、散歩のときに付き添う、患者のベッドサイドをきれいに整とんするなどQOLの向上のための助力をする。そして、こうしたさまざまな役割間の連絡・連携が不可欠になる。すなわち、充分なケア会議や話し合いをすることである。ただし、この連携のあり方、どうしたら連携したことになるかも、個々の文化により異なるのだ。

7. Relation (s) (人間関係)

こうした話し合い、連絡・調整のことを社会学ではネットワーキングと呼ぶが、ここでは、Relation と呼ぶことにする。これは、援助職でなくとも必要なことである。

改めて定義すると、ネットワーキングは、「ある目標あるいは価値を共有している人びとの間で、既存の組織への所属とか、居住する地域とかの差異や制約をはるかに超えて、人間的な連繋をつくりあげていく活動」[11] である。いい換えれば、人と人、集団と集団の共生はこの社会では不可欠であり、そういったつながりの構築をいう。人はおそらく誰であれ、誰かからのケア（気づかい）がないと生きる意欲を失うことも事実である。

カーンとアントニッチは、コンボイ（convoy）という人生において重大な援助者の集団を提示した。文化人類学者のプラース（Plath, D）は、これを「道づれ（consociate）」という意味で使い、「ある人の人生のある段階を通じてずっとその人とともに旅をしていく親密な人びとの独特の集団を指す」と規定してい

る。

　したがって、援助者は、ゲストのもつ人的資源に意を払いつつ仕事を行っていく必要がある。だからこそ、「家族は第2の患者」といわれるのだし、緩和医療では、キーパーソンの存在も重要であるとされている。

8．Kinship（拡大家族）

　ゲストにとって広い意味の家族を含む親族関係が大事である。もちろん家族・親族関係が希薄な人もいるので、利用者・相談者を取り巻く人たちの環境が大事であるということだ。とくに、最近では、ターミナルケアの場面で、ゲストの家族もケアの対象だということは常識化している。

　筆者は、つねづねソーシャルワーカーにとっては Hand（技術）より Heart（マインド）または Head（知恵）が優先されるといいつづけている。つまり、つねに工夫して最良のものを求める「こころ」とそれを裏づけする「知恵」が大切なのである。

　最後は駆け足になってしまったが、やはり、福祉職に就こうとするものは資格ではなく、「福祉の文化」を体現しうる専門家としての意欲と資質とプライドをもつことが大切である。それでこそ、はじめて専門職としての仕事がなしうる。資格が仕事をさせるのではなく、仕事が資格を引き寄せるのである。

 学習を深めるための本

1．キッペス，W.（1999）『スピリチュアルケア──病む人とその家族・友人および医療スタッフのための心のケア』サンパウロ
2．キッペス，W.（2012）『心の力を生かすスピリチュアルケア』弓箭書院
3．窪寺俊之（2004）『スピリチュアルケア学序説』三輪書店
4．佐藤俊一（2011）『ケアを生み出す力』川島書店
5．村田久行（1994）『ケアの思想と対人援助──終末期医療と福祉の現場から』川島書店

hapter

9

看取りと文化

> 21世紀になり、ようやくグリーフケアという言葉が定着してきた。しかし、グリーフケアには賛否両論があり、なかなか難しいというのが現状のようだ。その様子を、グリーフワークの段階とからめて解説する。

■ 第1節 ║ ターミナルケアと緩和ケア

　21世紀に入り、世界最長寿国となった日本は、ますます高齢化してきた。そして、高齢に達した人びとを、医療は生かしつづけている。病院や老人ホームで生かされつづけている「ライフコースの最終段階にいる人たち」のケアをどうするかという問題は、少なくとも一部領域では、現在でもターミナルケアという言葉をてがかりに議論されている。

　ターミナルケアとは、かつては、最期に近づいた人の苦痛や死に対する恐怖を和らげる終末期医療・ケアのことであった。それが、前章で記したように、経済的問題に対応したり、心のケアをしたりするためにソーシャルワーカーや僧侶・牧師（チャプレン＝chaplain）等が医療者と対等の立場でかかわることなどが加わり、ティームケアを本旨とするようになった。

　現代医療では、ゲストの全人的な苦痛を和らげることから緩和ケア（palliative care）と呼ばれるようになった。

　その緩和ケアとは、WHO の定義（1990年）によれば、「緩和ケアとは、治癒を目指した治療が有効ではなくなった患者に対する積極的な全人的ケアである。痛みやその他の症状のコントロール、精神的、社会的、そして霊的（スピリチュアル）問題の解決がもっとも重要な課題となる。緩和ケアの目的は、患

者とその家族にとってできる限り可能な最高の QOL を実現することである。末期だけでなく、もっと早い病期の患者に対して治療と同時に適応すべき点がある（括弧内は筆者）」[1]。

　これを、生命倫理事典では、「生命を脅かすような状況に置かれた家族や患者の生活の質を向上させる働きかけ。それは、狭義には痛みやその他の症状からの解放を行うことであり、広義には精神的サポートや心理的サポートを診断の最初の時から最期の時、さらには遺族の悲嘆に対しても行うことを含める」といい換えている[2]。

　緩和ケアの目的は、身体的な痛み、その他の症状を和らげ、心理的・社会的・精神的な苦痛に配慮することである。またフランスでは、緩和ケアと付き添いは相関するものと考えられると同時に、緩和ケアは、在宅においても施設においても患者とその家族や親しい人に対して全人的に向き合うものであるとされる。介護者やヴォランティアへの支援と教育も緩和ケアの1つである。

　やや冗長になるが、もう少し上記の内容を詳しくみていこう。種々の緩和ケア関係の本を紐解き、共通して主張していることを書き出してみると、以下のようになる。

　まず、第1の目的は「痛みやその他の苦痛な症状から患者を解放すること」である。

　千葉市で在宅緩和ケア専門の診療所を営む大岩孝司医師[3] によると、がんは、「終末期に激しい痛みが襲う病気」ではなくて、最期まで痛みが出ない患者さんも半数近くいて、痛みが出ても、ほとんどは鎮静剤で和らげられる。しかも、ただたんに痛みを取るのではなくて、痛みを取った後の目標設定をすると、大きな喜びになるという。たとえば、「自力で歩きたい」などである。その後、歩けた人は、歩くことが生きがいにつながるのである。

　次に、「生命を尊重し、死を自然の過程と認めること」が大事である。緩和医療者やターミナルケアワーカーは、このことをあっさりといってのけるが、ゲストとその家族にとっては、病も死も突然やってくる。たとえば、がん医療の現場では、告知で頭は真っ白になり、そうなったまま何年も過ごす患者や家

族も多数いる。緩和医療で、医療側が気をつけなくてはならないのは、このゲスト側の受容過程とケアを提供する側の意識のずれである。上記から、少なくとも20世紀末までは、それこそ、医療側の事情とタイミングで大切な残された時間が経過していた。文脈を戻すと、死を自然な過程と認めることは、意図して死のタイミングを早めたり引き延ばしたりすることには、つながらないだろう。このことの議論は、延命治療やリビングウィルの問題と絡んでおり、複雑である。

　ケア提供者は、ゲストのためのケアのスピリチュアルな側面をも重視する。そして、死を迎えるまで患者が人生を積極的に生きてゆけるように支える。上述したが、ゲストのスピリチュアルな側面をケアするのが、スピリチュアルケアである。また、ゲストが、積極的に生きるとは、明日への希望をもつことではないか。それは、たとえ些細なことでも、ゲストすなわち患者にとって意味のあることであればいいのだ。そして、家族やホストが、たとえ短い時間でも、ゲストと共に過ごせる時間を大切にすることにほかならない。そして、介護で一生懸命な家族が患者の病気や死別後の生活に適応できるように支えることでもある。家族も第2の患者といわれるように、ゲストなのだ。そして、患者と家族のニーズを満たすために、ティームアプローチを適用する。このやり方は、死別後のカウンセリングやグリーフケアを含むものだ。そしてこのことはセントクリストファーホスピスですでに行われていた。

　もう一度戻るが、QOLを高めると、病気の過程に影響を与える。ゲストが好きなことをして過ごしていたら、余命宣告の期間をはるかに超えて生存していたという例は枚挙にいとまがない。

　そして、緩和ケアは、病気の早い段階から適用され、延命を目指すほかの治療——化学療法、放射線療法——と並行して行われることがある。それによる苦痛な合併症をよりよく理解し、管理する必要性を含んでいる。

　末期の緩和ケアは、最近では、エンド・オブ・ライフ・ケア（End Of Life care＝EOLケア）の一環として用いられることが多い。福祉従事者は、ティーム医療においてかかわることが多いため、どちらかというと縁の下の力持ちであ

る。しかし、福祉従事者が行ってきたことは、薬や医療機器を使えないケアであるからこそ、よりゲストの近くでゲストの感情を理解し、そのニーズにこたえようとすることにほかならない。この点では、4章で述べた受けのコミュニケーションに長じていなくてはならないだろう。

■■ 第2節 ‖ 看 取 り

　日本は、20世紀のうちに「大量死時代」を迎えたといわれる。前出の柏木哲夫は、現代の死を以下のように特徴づけていた[4]。

> ① 家庭死から病院死へ
> ② 交わりの死から孤独な死へ
> ③ 情緒的な死から科学的な死へ
> ④ 現実の死から劇化された死へ

　まず、「病院死」だが、毎年死亡者の8割以上が病院で亡くなっている（厚生労働省の統計による。2009年の場合、病院・診療所での死亡合計は、80.8％だった）。これは、自宅死12.4％の6.5倍もの数字だった。病院死の問題は、大切な家族との最後の別れの儀式が医療主導で行われることだ。

　かつての在宅死の場合、亡くなっていく人（the dying）と家族との間には、充分な人間的交わりがあったという。古い話であるが、筆者は、物心つくかつかないかのとき、曽祖父の死の床の枕元にいた記憶がある。しかし、現在、一般病院での死に家族が立ち会えることは、大変少なくなっている。

　加えて、亡くなる人と家族の間に充分な交わりがあったということは、その人と家族との感情の共有があったということができる。死の医学化（medicalization）が問題なのは、死がもっている情緒的な側面が非常に軽んじられているからなのだという（柏木、1997年）。

そして、「劇化された死」といういい方は、最近の若者から中年にかけての人びとは、実際の人の死に立ち会った経験が非常に少なく、マスコミやインターネット、テレビゲームなどでの「死」しか経験しないことによる。人間の死という重要なテーマを現実から学ばず仮想的な事象から学ぶことの危険性はよく指摘されるところだ。

　また、病院死の問題点については、柏木は以下の4点を指摘している[5]。

> ①　やりすぎの医療の中での死
> ②　苦痛の緩和が不十分な中での死
> ③　精神的ケアが不足している中での死
> ④　個性が重んじられない中での死

　「やりすぎの医療の中での死」は、余命が考えられないなかで、抗がん剤治療が行われたり、最後になって、輸血が行われたりしていることをいう。また、末期のがん患者に蘇生術を行ったりする。ここまでくると、行き過ぎの感がある。そこでそうならないために、リビングウィルの宣言書やエンディングノートの類が活用されるようになった。

　朝日新聞のAERA（アエラ）が提供しているエンディングノートの例では、「告知について」は、「病名だけ告知してほしい」や「病名も余命も告知してほしい」、「告知してほしくない」など、「延命措置・尊厳死について」は、「延命措置してほしい」「延命措置してほしくない」、「臓器提供・献体について」は、「臓器提供も献体も希望しない」「臓器提供・献体・アイバンクなどに登録している」などの項目がならび、「医療について誰かが判断しなければならない場合、意見を尊重してほしい人」の欄があった。配偶者がいれば、配偶者が書かれるであろう。そうはいっても、その場になると、すでに多かれ少なかれパニック状態にあるもう一人の家族の「延命希望」が通ったりもするのである。医療従事者は、この場合の患者と家族がいかに弱い立場にあるかに思いを巡ら

せなくてはならない。加えて、患者と家族は、輸液、中心静脈栄養、経管栄養、昇圧剤の投与、人工呼吸器、気管切開、人工透析その他の蘇生術などの個別の医療行為に対する考えをまとめているかもしれない。しかし、時間のない状態で専門家である医療者に決断をせまられた場合に冷静な判断が可能であるかは、はなはだ疑問である。

「苦痛の緩和が不十分な中での死」について考えたい。おそらく20世紀の間は、身体的苦痛に関してもそれほど積極的動きはなかったように思う。当時先駆的だった医師の一人には、救世軍ホスピスの中島美知子がいる。がんの身体的痛みの特徴を表すと3点に集約できるという[6]。

1つは痛みの持続性である。もう1つは、持続による不安、希望のなさから、不眠、食欲不振、抑うつなどを併発し、悪循環により、痛みの閾値が下がることである。そして、それらの痛みには、積極的意義がないという。したがって、シシリー・ソンダースがいうように薬物による疼痛コントロールが、重要になってくるが、前述したのでここでは割愛する。

「精神的ケアが不足している中での死」[7] は、孤独な旅立ちである「死」の寂しさへの対応である。家族の存在によって、寂しさが少しは軽減されるかもしれないが、家族がない場合、医療者や福祉関係者のいずれかが時間をとって話を聴くことが必要になってくる。精神的ケアに必要なのは、充分なサポートマインド、すなわち傾聴する姿勢とそのための時間的余裕である。

「個性が重んじられない中での死」は、ゲストの「最後の望み」を考えることで解消可能であるという。ゲストは、その人の人生によって、さまざまな望みをもっている。あまり好きないい方ではないが、「人は生きてきたように死んでいく」というのは、最期まで自分を貫き通すことである。そうだとすると、たとえば、がんのさまざまな症状で苦しんでいるさなかにもてる望みというのは、それこそ、その人のスピリットの望みといってもよいのではないだろうか。その望みをかなえようとすることこそ、ホリスティックアプローチということがいえよう。そこでは、医療知識よりもゲストのスピリチュアリティへの気づきが必要になる。

■■ 第3節 ‖ グリーフ

　第2の患者である家族にとっては、患者が亡くなったあとのグリーフ（grief）が深刻である。グリーフとは、愛する対象を失った後の悲しみをいう。日本では、「悲嘆」と訳されることが多い。

　長寿は素晴らしいことではあるが、長生きする間にはさまざまな別れを経験する。夫婦であれば、どちらかが必ず先に亡くなる。多くの人は、そのずっと前に親の死を経験する。夫婦2人の親は、4人いるのだ。子どもの死を経験する人たちもいる。

　家族は、もし家族の誰かが「がん」だったりすると、余命宣告されるずっと以前から、介護しつつも来るべき死別の悲しみに苦しむこともあるだろう。このように、あらかじめ予測される悲しみのことを**予期悲嘆**という。そして、予期悲嘆は、時間がたつと本当の悲嘆に変わる。

　人生には、悲嘆を引き起こすと思われるその他の喪失も考えられる[8]。

　（1）大切な人の喪失。それは、死別だけではない。離婚、失恋、失踪、裏切りなどの離別などが含まれる。

　（2）所有物の喪失。財産、仕事、ペット、思い出などが含まれる。

　（3）環境の喪失。転居、転勤、転校など。

　（4）役割の喪失。子どもの自立（親役割の喪失）、退職（会社での役割の喪失）など。

　（5）自尊心の喪失。名誉、名声、プライド、プライバシーが保たれないことなど。

　しかし、これらのなかで、死別にかかわる悲嘆はとりわけ心を強く痛める。誰かが亡くなるとき、家族は、心臓がえぐり取られるかのような苦痛を味わうという。俗に、「親が亡くなるときは、過去を失い、配偶者がなくなるときには、現在を失い、子どもが亡くなるときには未来を失う」という。

　三者の事例を取り上げてみたい。

　配偶者を亡くした倉嶋は、以下のように述懐している[9]。

伴侶の死は誰もが経験することですが、今、まさにその喪失感に苦しんでいる人にとって、それは誰の苦しみともどんな苦しみとも比較しようのない、絶対的な苦しみです。愛する人を亡くした人はみな、そのつらさのすべては誰にもわかってもらえない、どんなふうに慰められても癒えるものではない、自分ひとりが背負っていくしかない悲しみだと言います。私もそう感じていました。

　倉嶋の悲嘆は、鬱とそれにともなう自殺未遂を引き起こすほどのものだったという。

　若者のグリーフケアを行っている一般社団法人リブオンの代表、尾角光美さんは、10代の終わりと、20代の終わりに、父、そして母、兄をそれぞれ失ったという。その家族の死について以下のように述べている(10)。

　2003年、わたしが19歳のときに、自ら命を絶ってなくなりました。
　その頃は、経済的にも失業率や倒産件数が年々上がっていて、そのあおりも受けてか、わたしの父親も事業に失敗をして家を出て行ったのでした。……
　……30歳を目前にして、私は家族をすべて失い、ひとりになりました。……
　どうして自分はこんな思いをしなければいけないのだろうと思うことがありました。こんなに苦しいのなら、もう死んだ方がいいのではないかと幾度となく思いました。

　また、子どもを亡くした親の会にかかわる若林和美(11)は、次のようにコメントする。

　……他人にとっては「ただ子どもを亡くした親」にすぎなくても、当事者である親は、死亡原因に関わりなく、わが子の死によって、自らを社会に顔むけができない存在であるかのような感じ方をしているのだ。
　……子供の死を経験した人たちばかりでなく、大切な人を失った人は、生き続けることの困難さに直面し、それまでは考えてみようともしなかったような

「人は何のために生きるのか」「生きるとは何か」といった命題に、ひきよせられるようにしてむかい合っている。

　私たちは誰でも死を体験する。

　それにもかかわらず、死の悲しみを背負った人は、この社会の中に居場所がないと感じているのだ。

　このように、近親者の死は、それぞれに別々のしかも強度の悲しみを引き起こす。このことは、筆者が、大学生時代に学んだラーとホームズ（1967）のストレスマグニチュードを想起させる。それは、生活上の困難をマグニチュード法で数値化し、ライフストレス強度として評価尺度にしたものだった。

　あくまで、参考としてのみ提示するが、彼らは、配偶者の死を100として最大値にしていたのである。以下、離婚が73、別居が65、近親者の死は、刑務所入りと並んで63の4位だった。日米の死生観の文化的差異をとりあえずおいて述べておくと、近親者の死とはこれほどの一大事だということになる[(12)]。

■■ 第4節 ║ グリーフケア

　ここまでは、悲嘆そのものについて述べてきたが、ここでは、**グリーフケア**、すなわち、悲嘆にくれる人のケアについて述べたい。

　医療者の側には、そもそも、グリーフケアが必要かという議論と、誰が担うべきかという議論が併存する。また、死別体験者のなかでも、グリーフケアに拒絶的な声を耳にすることも多い。

　吉田利康が引用している K.H さんの以下の文章は、かなり痛烈である[(13)]。

　　今の私は悲しみについて語ったり、自覚したりするのにはかなりの時間を要すと思っています。そんな私ですから、訪問看護師として働いていたころも、医療者が言うグリーフケアという言葉にうさん臭さを感じていました。

　　「あんたになにがわかるねん」という想いを抱きしめて歩いてきた時間は、無

駄ではなかったのです。

　焦らずに自分自身の想いに正しく向き合っていれば、いいタイミングで出逢いがあることを経験しました。

　無理は禁物。

　嫌なものは嫌。

　善意の押し付けはいらない。

　もし、「グリーフケア」なるものがあるとするならば、「あんたに、なにがわかるねん」と拒絶されて当然と、そういう相手の気持ちも全部含めて丸抱え、できるかどうかなのだと思います。

　飛躍するが、ここには、グリーフケアについての考えとともに、すべてのケアラーが自覚すべき論点が含まれている。すなわち、ゲストから突き付けられた「あなたには、私の考えていること、私の抱える複雑性は理解不能です。お話しするつもりもありません。お話ししてから、後悔するのも嫌です」といういわば「不信」を「信頼」に変えるこころと術をもっているか、という根源的な問いがなされたのである。

　援助者の自信も時と場合によるが、ここでは、キッペス神父がつねにいっている、「ケアさせていただく」という謙虚な姿勢が問われていることになる。

　話を戻したい。グリーフは、一時的ではないが、人によって強いグリーフを感じる期間も長さも異なる。しかしながら、その期間はゲストがもっとも弱っている時期である。ゲスト（遺族）を中心に考えると「援助を受ける」ニーズは、強いととらえられる。そのニーズは、ゲストそれぞれでしかもデリケートなので、少しでも「雑なあたり」ではかえってゲストを傷つけることになるのだ。

　それに対して、上記の根源的な問いに真摯に答えようとするのはもちろん、そういった人たちこそ支えていきたいと考えるグループがある。ニーズのあるゲストと支えなければならないニーズはさまざまだろうが、支える人びととの幸福な出会いが、グリーフケアという仕組みを成立させる磁場をつくりだす。

　したがって、ここでは、２つのことの理解をして、本章を閉じることとす

る。1つが、グリーフワークの正しい理解であり、もう1つは、悲嘆者との接し方である。

■ 第5節 ┃ グリーフワーク

　ここで、残された家族は、故人に関する想い、喪失経験に関する認識、変容した世界に関する認識、それぞれを直視し、その意味を再構成させていく。このことを**グリーフワーク**（grief work,「悲嘆の作業」あるいは「悲嘆の仕事」と訳されたこともある）という。

　ウォーデンによると、グリーフワークには、4つの課題がある[14]。

課題Ⅰ　喪失の現実を受け入れること
課題Ⅱ　悲嘆の痛みを消化していくこと
課題Ⅲ　故人のいない世界に適応すること
課題Ⅳ　新たな人生を歩み始める途上において、故人との永続的なつながりを
　　　　見い出すこと

---

1. 喪失の現実を受け入れること（課題Ⅰ）

　ここからしばらくは、ウォーデンを参考にしつつ、4つの課題について考えていきたい。

　まず、誰かが亡くなったとき、たとえその死が予期されたものであっても、現実とは思えないのがふつうである。したがって、グリーフワークの課題Ⅰは、その人が亡くなって、もう帰ってこないという現実と正面から向き合い、この世では再会は不可能だと信じられるようになることだ。

　受容の反対は、否認だが、故人の所有物を「ミイラ」のように保存して、故人が帰ったときにはいつでも使えるような状態に保つことがある。それを「ミイラ化」（mummification）現象という[15]。

2．悲嘆の悲しみを消化していくこと（課題Ⅱ）

　愛する人の喪失は、そうやすやすと受け入れられるものではない。

　悲嘆の苦痛は人それぞれだが、残された人には、この苦痛を認め、乗り越える必要がある。

　親密な人を喪って、何らかの苦痛を感じない人もまず存在しないだろう。だからこそ、苦痛を感じ尽くし、その苦痛もやがては過ぎてゆくというワークから逃げてはならないのだという。安易な逃げとして、お酒を飲みすぎたり、薬を常用したりすることがある。また、旅の癒しを求める人もいるだろう。

　悲嘆の痛みは、悲しみや絶望感だけではなく、不安、怒り、罪悪感、抑うつ、孤独感といった感情もあり、内的に消化する必要がある。

3．故人のいない世界に適応すること（課題Ⅲ）

　この場合の適応は、3つあるという。1つ目は、「外的適応」である。

　　　遺された人は普通、喪失後しばらくたってからでないと、故人が行っていた役割のすべてには気づかないものだ。

　　　多くの人は、新しい生活のスキルを習得して、かつてパートナーが行っていた役割を担わなければならないことに苛立ちさえ感じるかもしれない[16]。

　次に必要なのは、「内的適応」である。自らの新たな「自己認識」（原著では「自己感覚」）に適応するという難題がある。死別が、根源的な意味において、アイデンティティ、自尊心、自己効力感などに大きく影響をする。

　たとえば、配偶者との死別は、夫と妻の関係において成立していた関係的自己の喪失を意味するという。そういった場合の適応は自己を「夫婦の片割れ」でなく、独立した「自分」として認識するようになることである[17]。

　3つ目は、「スピリチュアルな適応」である。死による喪失は、その人の基盤にある人生の価値や人生哲学の問い直しをせまる。愛する人を失うことは、①世界は信じられる場所だということ。②この世界は意味があるということ。

③自分自身には価値があるということの想定が崩れ、問い直しをせまられる。そして、「世界を学び直す」必要性が生じてくる。

4．新たな人生を歩み始める途上において、故人との永続的なつながりを見出すこと（課題Ⅳ）

　残された人は、人生のなかで、もっとも重要な位置にあった人を忘れることもできないし、「あきらめる」こともできない。

　したがって、ここでの援助者の仕事は、残された人に故人との関係をあきらめさせることではなく、心のなかの適切な場所に故人を位置付けることを手助けすることである。

　そして、この課題Ⅳが、もっとも困難である。この課題が完了していない人は、まだ、「人生を楽しめない（not living）」のだという。

　この4つの課題を提示した後、ウォーデンは、「喪失志向のコーピング（loss-oriented）」と「回復志向のコーピング（restoration-oriented）」の二重プロセスモデルを提唱している。

■■ 第6節 ┃ 悲嘆者とどのように接するか

　何度もいうが、悲嘆者は、一人ひとり、まったく違った悲しみ方と過程を経る。したがって、接客法のようなマニュアルは通じない。

　一人ひとりと、こころを込めて丁寧にお付き合いするしかない。そのために、気をつけたいことを、ゲストの視点から述べてみたい。

---

　①　無理に聞き出さない

　②　ケアを押し付けない

　③　価値観を押し付けない

　④　悲しみ比べをしない

---

⑤　理解しているふりをしない

⑥　アドヴァイスをしない

⑦　安易な励ましをしない

⑧　気休めをいわない

（山本佳代子、2012、PP.14-17を筆者改変）

　これらを順に解説していく。山本（2012）[18] とは若干異なる解釈も成り立つのである。

　援助者は、ゲスト第一主義を貫いて「無理に聞き出さない」ことが大切である。残された者には、誰とも何も話したくない、そして話せない時期がある。そのようなとき、そっと見守り、寄り添っていくことが大事なのである。

　言葉の問題であるが、医療者や福祉従事者のなかでは、「ゲストと向き合う」ということが大切だといわれる場合がよくある。しかし、ゲストすなわち悲嘆者からすると、何も話したくない時期に向き合われてもつらい。したがって、さりげなくいつもそばにいて、必要なときに、話をさせてくれるような「こころの寄り添い」がありがたい。

　このことは、「ケアを押し付けない」こととともつながる。経験的に「生兵法は大けがのもと」ともいわれるように、未熟なケアワーカーこそ「ケアを押し付ける」傾向がある。

　「価値観を押し付けない」ことも大事である[19]。このことは、先にあげた「あんたになにがわかるねん？」のつづきとして、肝に銘じていただきたい。

　また、「いつまでも悲しんでばかりいてはいけない」と声をかけられても、「いつまでも悲しんでいて何がわるい？」と思ってしまうゲストも多いのだ。ことほど左様に、悲嘆者の気持ちは、デリケートであり、経験の浅いワーカーは、ゲストの神経を逆なでしてしまいがちである。

　「悲しみ比べをしない」ことは、悲嘆者同士で注意しなければならないことである。他者の悲嘆も私の悲嘆も絶対であり、個々別々のものなのだ。

　だから、「理解もできてない」。すなわち、悲しいことはある程度理解できて

も、その人のライフヒストリーや複雑な人間関係、トラウマまではわからないから、どう悲しいのかまでは理解不能なのである。「わかります」という相槌は、うそをついたことになるのである。

そして、「アドヴァイスをしない」。今述べたように、悲嘆者の悲しみは、個々別々のものであるから、実は、熟練したケアワーカーであっても「アドヴァイスはできない」のが実際のところである。できないものは、しようがない。

逆に、ゲストは「安易な励ましをされる」ことがある。それは、悲嘆者に「この人との関係はこの程度なのだ」と冷めた意識をもたせることになる。同様に、気休めも言ってはならない。

このように、悲嘆者は、非常に敏感な態度で他者の行動の意味付けをしてしまい、その意味付けを「自他関係」の文脈のなかで再解釈するのだ。こうして、未熟なケアラーと安易なアプローチは受け付けないものなのだ。

したがって、ターミナルケアの現場に立つ人は、上記のようなゲストの立場や心理をいくら意識しすぎてもしすぎるということはないのである[20]。

 Book　学習を深めるための本

1．ウォーデン，J. W.、山本力監訳（2011）『悲嘆カウンセリング』誠信書房
2．大岩孝司（2010）『がんの最後は痛くない』文藝春秋
3．尾角光美（2013）『なくしたものとつながる生き方』サンマーク出版
4．柏木哲夫（1997）『死を看取る医学──ホスピスの現場から』NHK ライブラリー
5．倉嶋　厚（2002）『やまない雨はない』文藝春秋
6．高木慶子（編著）（2012）『グリーフケア入門──悲嘆のさなかにある人を支える』勁草書房
7．暖家の会・西嶋公子編（1991）『街角のホスピスをめざして』風人社
8．吉田利康（2013）『悲しみを抱きしめて──グリーフケアおことわり』日本評論社
9．若林和美（1994）『死別の悲しみを超えて』岩波書店

論文の書き方と調査法

> 本章では、社会福祉研究における論文の書き方、そして論文作成の際の1つの方法である仮説検証法について解説する。

■ 第1節 ‖ 「論文」とは？

　論文は、作文とは異なり、論理的な文章である。つまり、客観的事実や理論に基づいて、根拠を積み上げながら、筋道をたてて説得力のある自分の意見を展開していくものだ。

　筋道のたて方、すなわち、説得力のもたせ方には2とおりの方法がある。仮説検証型と解説・整理型である。

　前者について、説明していく。まず、論文には、「問題提起」「主張」「根拠の説明」の3要素がなくてはならない。

　問題提起とは、議論する価値のあるテーマをみつけ、それについての仮説を提示することである。

　仮説とは、「概念間の関係に関する考えを一定のやり方で表明したもの」[1]である。もう少しわかりやすくいえば、「ある事柄について、仮にこうなっているのではないか」というように予想をして文章化したものである。

　たとえば、「AはBである」ということを、その仮説が正しいかについて、さまざまな方法で証明していくことが研究だといっても過言ではない。そして、この仮説の正しさを主に統計値を用いて検討することを仮説の検証という。具体的には、仮説の検証過程が「根拠説明」であり、検証結果が「主張」となる。

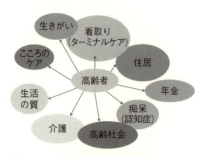

図10−1　高齢者福祉にまつわるキーワード

このことを前提に、とくに卒業論文の作成過程を考えていきたい。まず、多くの大学生は自分の興味にしたがってゼミ（または演習）を選択するはずである。そこで、すでにある程度大枠は決まっているだろう。たとえば、筆者のゼミであれば、高齢者福祉だったり、国際福祉だったりする。

そこで、高齢者福祉についての論文を書くこととしよう！　まず、高齢者についてのキーワードを思い浮かべたい。ランダムにあげてみると、高齢社会、認知症、年金、住居、看取り（ターミナルケア）、生きがい、こころのケア、生活の質、介護などが、思い浮かぶ（図10−1）。

テーマの枠組みを決めたい。論文のテーマとして成立するためには、まず「自分で扱えて、論証可能である」ことが必要だ。だから、「公的介護保険について」というテーマは大きすぎて望ましくない。

また、「公的介護保険の有効性について」というテーマも、おそらく学生には白黒つけるのは難しいだろうから、テーマとしては苦しい。留学生のなかには、自国と日本のある制度の比較を好む学生がいる。しかし、同じような制度にみえても、日本の制度は、日本独自の歴史と文化から生まれたものであるから、比較しうるものかどうかを慎重に検討したい。だから、この図の項目のどれかに目星だけついていてもテーマが決まったとはいえない。

発想を拡げていって、仮定をおいた問いかけにしたい。そうすることが、想像から科学へと前進することを意味する。先の問題提起とは、「問題意識」を深くもつことにほかならない。

たとえば、仮にであるが「地域包括支援センターにおける多職種連携は機能しているか？」というテーマを考えたとしよう。もとより、地域包括支援センターが創設されたのは、介護保険法の2005年改定時である。したがって、現時

点（2016年）で全国一律の体制が整っているとはいい難いし、検証もしようがない。こうした場合、ある自治体の事例研究をして、論証していくという手がある。論証とは、「証拠となるデータをあげながら主張すること」[2] である。証拠となるデータ収集方法を社会調査という。この社会調査については、2節で詳しく解説する。

　テーマが決定したら内容であるが、学生はタイトルの重要性を忘れがちである。よいタイトルは、それをみただけで、内容の全容がわかるものである。例示はしないが、この点をこころがけてほしい。

　次の段階では、「目標規定文」（石井、2011）を表すことを勧めている。これには、「①選んだテーマが論じる価値のあるものか、現在の自分の能力で取り組めるかどうかを客観的に判断できる、②論証に必要なデータは、どんなものかわかる。③説得力ある主張をするには、論文をどのように構成すればよいか、検討できる」というメリットがある。

　目標規定文は、以下のような構成をとる。

私は、本稿（この論文・レポート）で、＜Ａ＞について、論じる。
　　＜Ｂ＞を考察し、＜Ｃ＞という結論を導く（と主張する）。

　　＜Ａ＞＝とりあげたいテーマ（論点・疑問点）
　　＜Ｂ＞＝分析や論証の方法
　　＜Ｃ＞＝結論・主張

　目標規定文の作成は、論文の目的、テーマ、結論をつねに意識しつつ書けるという点で、大変有効な手段である。作り方は、①選んだテーマ候補を疑問文にしてＡの部分で示す。

　②結論を導くためにどのような分析や考察を行うかを考え、Ｂの部分で、示す。現時点での仮の主張（仮説）をＣで示す[3]。

すなわち、これらを詳しくしていくと、それぞれが、序論、本論、結論になっていくことがわかる。

1．序論に書くべきこと
仮説の提示＝あるテーマについて、こう考えるとこうなる。
- １　どうしてこのテーマに興味をもったか？
- ２　この研究が重要な理由（rationale）を根拠を示して整理
- ３　この研究の目的（primary aim）、仮説の明確化
（- ４　論文の構成）

2．本論に書くべきこと
仮説の検証過程＝どんな方法を用いて、どんなことを証明したか。
- １　研究方法の概要
　①研究の対象を示す。
　②調査デザインを明らかにする。
　③用語の定義をする。
- ２　仮説の検証
＝検証内容をデータを含めて説明し、結論を導く。
　①　（量的、質的）調査を行って、結果と解釈を示す。
　②　理論とデータを用いて説明し、解釈を示す。
　③　考察

3．結論に書くべきこと
　＝この仮説についてこう考え、こうなった。
- １　本論の概要
- ２　主要な結果、わかったことや新しい発見
- ３　限界と今後の展望

（石井（2011）、森田（2010 - 2011）を参考に筆者作成[4]）

図10-2　論文の概要

そして、忘れがちだが大事なことは、序論から結論まで書くことがきっちり決まってなくては、書き始められないということである。書いてるうちに何とかなるというのは、作文レベルのことであって、決して論文にはならない。

　図10－2を用いて、序論、本論、結論それぞれで、何を書くかを示しておきたい。

　研究には、仮説検証型の研究と事実発見型の2種類があるが、卒論で用いられる頻度が高く、なじみやすい前者の例をとる。まず、**序論**は全体の予告である。学術論文の場合、ここで仮説の提示がなされる。上記のように、仮説とは「あるテーマについてこう考えるとこうなるのではないか？」という問題提起である。したがって、「－1　どうしてこのテーマに興味をもったか？」について述べなくてはならない。仮説のような疑問にいたった背景の説明である。つづいて、そのテーマの重要性、すなわち、取り組む意義や必要性を書き、仮説自体を書く。実際、仮説の正しさを証明することが論文の目的だから、それを文章化した目的文にする。

　それから、仮説を論証するための方法あるいは調査法を明示する。

　次に、**本論**では仮説の検証過程を丁寧に解説していく必要がある。どんな方法を用いて、どんな人たちについてどんなことを証明したかをわかりやすく丁寧に説明していくのが本論である。「①研究の対象」とは、「どんな人たちについて」の部分である。「②調査デザイン」を明らかにすることは、文字どおり方法の明示である。そして「③用語の定義」をすることとは、キーとなる概念の意味内容を明らかにすることである。これがないと読者と共通の土俵に立てない。

　そして、「仮説の検証」を書く段階に入るが、検証内容をデータを含めて説明し、結論を導くことだ。検証は、量的、質的調査を行って、結果とその解釈を示すことが多い。結果を解釈する場合には、参考にしうる理論があればそれを用い、経験的にデータを説明し、解釈を示す。結果が仮説に反していても、しっかりした調査さえ行われていれば反した理由の「考察」ができる。

　結論は、「この仮説についてこう考えた結果、こうなったということ」だ。

本論の概要を最後に繰り返し、主要な結果、わかったことや新しい発見を要領よくまとめて、その研究の限界と今後の展望を書くのである。学生のなかには「終わりよければ、すべてよし」と考えて、結論で取り繕おうとする向きもないではないが、しかし、それは作文レベルの話であって、そううまくいかないのが現実である。

■■ 第2節 ‖ 社会調査とは？

1．統計調査の基礎

　社会福祉の仕事は、人間を相手にする仕事であるから、人間や集団の観察が不可欠である。日常生活の対面的相互作用状況における観察力と、社会調査の技術が必要である。近年、地域包括ケアシステムの全国的な展開と相まって、地域のニーズを把握するためにも社会調査技術はますます重視されるようになってきた。そこで、社会調査の話をしておきたい。

　区別するのもどうかと思うが、社会調査がとくに社会福祉調査といわれるときには、さまざまな社会現象のなかから、社会福祉の対象がもつ問題を客観的に把握し、それを規定する諸要因の科学的解明を通して、問題の所在を明らかにするとともに、解決や予防につながるデータを得ようとする。

　まず、調査には統計調査と事例調査がある。統計調査とは、量的調査である。量的調査とはデータ収集、分析、命題化などを「数的データ」により行うことをいう。数的データを得るため、全体（母集団）から抽出したサンプル（標本＝調査対象者）に対して質問紙調査を行う。

　少し詳しく説明しよう。この場合、小さな集団においては、全員に質問紙調査をすることは可能だ。しかし、たとえば、テーマが「介護に関する日本人の意識」「大学生の就労意識」のような場合、その対象となりうる全員に質問紙を配布・回収することはできない場合が大半である。実際に調査可能で、母集団を代表するようなサンプルを決めなくてはならない。このことを**サンプリング**（sampling ＝標本）という。このサンプリングこそが、学術調査の可否を決め

る大切なポイントである。学術研究には再現性が問われるため、正しいやり方でサンプリングしたことを明示しなくてはならないのである。正しいやり方とは、サンプルがたんに母集団の規模を小さくしたものでなければならない。その手つづきの正当性のために、ランダムサンプリングが行われる。ランダムサンプリングは、無作為抽出法と訳されるとおり、作為を排して行われる抽出法である。サンプルが選ばれる確率が同一で、抽出過程にまったく作為が排除される状態を人為的につくりださなければならない。

2．統計調査の種類

統計調査の中心は、アンケート調査であり、アンケートの回収の仕方によって、面接、留置、郵送、電話、集合、託送、ファックスなどに分かれる[5]。

面接調査は、調査員が出向き、直接対象者との面談によって調査票をうめていくやり方である。したがって、正確性はあるが調査員の負担とコストのかかる方法である。

留置調査は、あらかじめ調査票を対象者のところに留め置くのでそう呼ばれる。対象者のあらかじめ記入した調査票を調査員がチェックして持ち帰る方式である。

郵送調査は、依頼から返信までを郵送で行おうというものである。この方法は、データの信頼性の問題と同時に、回収率の低さも問題になることが多い。

電話調査は、対象者のところに電話をかけて質問する調査方法である。コスト安である反面、回答の信頼性は低い。

集合調査は、対象者を一か所に集めて実施する方法である。一度に多数の回収が期待でき、信頼性が高く、コストもそれほどかからない。

託送調査は、ある集団や組織に調査票を委託して配布してもらう方法である。委託先の状況により、コストも信頼性も異なってくる。

ファックス調査は、ファクシミリを用いた調査であり、インターネット調査は、インターネットを用いた調査である。両方とも、ファクシミリ保有者とインターネットユーザーに対象者が限られてしまうという欠点がある。

とくに、インターネットは、非ユーザーの高齢の方たちを排除してしまうという大問題がある。さらにパーソナルコンピューターのユニバーサリティが拡大し、調査技法の改善が待たれるところである。

　以上、ここでは多様な調査法があることを紹介した。

3．質的調査

　事例調査とは、質的調査の一種である。少数の社会的単位、すなわち、個人・家族・集団・地域社会などの生活を、それがおかれた社会的コンテクストあるいは文化のなかにおいて、ある特定の様式を析出したり、問題を発見するとともに、一般的解決策を見い出していこうとするものである。こういってもわかりにくいだろうから、もう少し砕いて説明すると、量的調査は、人びとの意識の傾向や分布、グループや項目間の関係に力を発揮するが、サンプルの個々の事情について把握することは非常に難しい。したがって、質的調査は、特定少数のサンプルに話を聞いたり、その人たちを観察したり、その人たちとともに体験したりしながら、一人ひとりの思いや考えについて理解していこうとするものである。

　質的調査にも、多様な方法があるが、もっともポピュラーなのが「インタビュー法」である。これにも、テーマや質問項目を事前に統制した方法やまったく自由に話してもらうやり方まである。

　また、社会福祉対象者のなかには、言葉を話さない人、解さない人もいるわけだから、「観察」することでしか、対象にアプローチする術がない場合もある。人・モノ・コトを観察することにより、その奥にある、人の意識や考えまでも明らかにしようとするものである。

　これらに対し、フィールド（現地）調査とは、とにかくフィールドに赴き、そこで資料収集にあたるものであり、統計・事例の両方を併用、駆使して対象の実態にせまる。「参与観察法」といわれることがあるが、現代社会においては、調査する場所に自ら入り込み、対象者と生活や行動を共にしながら調査することをいう。いずれにせよ、社会福祉や福祉文化の領域では、科学的に集団

や個人の行動・態度等を調査・分析するには、慎重な準備と手つづきを要する。したがって、社会調査等の授業をとらずに、社会調査の方法を身に付けないままに、安易な調査をすることはお薦めしないばかりか、禁じたい。

4．社会調査におけるこころ構え

　社会調査の授業をとらないということは、調査のこころ構えが身に付いていないことを意味する。

　調査のこころ構えとは何か？　同学の嶋﨑（2008）にいたっては、「『社会調査は社会迷惑である』の認識から出発しよう」とまで主張する[6]。

　迷惑であるから、協力してもらえるためには、よほど情報提供者に直接的利益があるとか、間接的利益としての社会的公益性への認知が必要だというのだ。

　調査者は、上記に対する深い認識をもって、調査対象者への人権の保護、インフォームド・コンセント、匿名性の保証、プライバシーと個人情報の保護に意を用いなければならない。

　2005年10月、日本社会学会は、「日本社会学会倫理綱領」を策定している。以下、引用する。

　　　社会学の研究は、人間や社会集団を対象にしており、対象者の人権を最大限尊重し、社会的影響について配慮すべきものである。

　　　　　　　　　　　　　　　　　（中略）

　　　プライバシーや権利の意識の変化などに伴って、近年、社会学的な研究・教育に対する社会の側の受け止め方には、大きな変化がある。研究者の社会的責任と倫理、対象者の人権の尊重やプライバシーの保護、被りうる不利益への十二分な配慮などの基本的原則を忘れては、対象者の信頼および社会的理解を得ることができない。

　上記のプライバシーに関して、（1）匿名性の保証と（2）プライバシーにかか

わる質問の取り扱いと保管の問題がある。また、情報提供者の人権、名誉等を傷つけないよう質問内容、質問の仕方、ワーディング（質問文作成）などに最大の注意を払うことが大切である。

さらに、情報提供者には、調査協力を拒否する権利もあれば、調査内容に関して納得がいくまで、質問する権利があるのだ。

上記したように、とくに学生は、安易に調査したいといいだすが、協力者の日常に踏み込み、生活の邪魔をし、貴重な時間を割いていただくことに対するお詫びと感謝の念をもつこと、そしてそのような感情をどう表出して、理解してもらうかまでを含めての調査なのだということを肝に銘じてほしい。

■■| おわりに

最後に述べておきたいことがある。ここでは、私たちがかかわるべき人たちを"ゲスト"と呼んできたが、ゲストは、特別デリケートな人たちだということを忘れないで接していただきたい。

「いや、いや！　私の接している人たちは、お強いですよ！」とおっしゃる方がいるかもしれない。しかし、強さをアピールすること、そうせざるをえないことも含めて、デリケートなのだ。

そのデリケートなゲストと接するとき、そのゲストが子供だろうと、知的に障がいがあろうと、われわれは、専門家であることを脇において、一人の人間として、接することが必要である。一人の人間である以上、そこにうそやごまかしが入ってはならない。

どうして、こんなことを書かなくてはならないのか？　最近の学生をみていて、もっとも欠けていることが、このことだと感じてしまっているからだ。

本文中にも記したが、ゲストのトータルペインに向き合い、一人の人間としての自立を支える者にあっては、一人の人間として寄り添う以外に方法などないのだということを述べて筆をおきたい。

学習を深めるための本

1．石井一成（2011）『ゼロからわかる大学生のための論文の書き方』ナツメ社
2．大島弥生・池田玲子（他）、（2005）『ピアで学ぶ大学生の日本語表現　プロセス重視の
　レポート作成』ひつじ書房
3．嶋﨑尚子（2008）『社会をとらえるためのルール──社会調査入門』学文社
4．西野理子（2008）『社会をはかるためのツール──社会調査入門』学文社
5．森田達也（2010）「経験したことを伝えていこう　研究論文を書く　第1回〜第4回」
　『緩和ケア』（Vol.20 No.4-6, Vol.21 No.1）

【注】

第1章

（1）武川正吾（2001）『福祉社会』有斐閣、PP 3-4

（2）岡沢憲芙（1994）『おんなたちのスウェーデン』NHK ブックス、P23

第2章

（1）城西国際大学。2004年4月には、人文学部から独立し、経営情報学部からの福祉経営学科とともに二学科制をとり、福祉総合学部となった。その後、学科名を福祉総合学科とし、現在は、社会福祉、福祉心理、子ども福祉、介護の各コースがある。2016年、福祉総合学部に理学療法学科が新設された。

（2）それと同時に、定義者の社会観、福祉観などの価値観が端的にあらわになる。

（3）拙著（2000）『福祉文化の研究』北樹出版、引用文中の文献は割愛する。

（4）吉田禎吾（1987）「文化」石川栄吉他編『文化人類学事典』弘文堂、PP666-667

（5）太田好信（1994）「文化」、浜本満・浜本まり子編『人類学のコモンセンス』学術図書出版社、P2

（6）岡本栄一他編著（1995）『誰もが安心して生きられる地域福祉システムを創造する――共生と優しさの社会』ミネルヴァ書房

（7）ここでは、岡本の「優しさの文化」を「やさしさの文化」とわざわざひらがなにしている。もっとも広い意味の「やさしさ」をとりたいからである。

　　関連して、述べておくと河東田博は、福祉文化学会の通信誌「福祉文化通信」（2010. 3. 31）において、「創造的福祉文化概念」を提案している。それは「すべての人が隔てなく、差別されることなく、多様性こそを認め合い、独自の価値観や生活様式に互いに誇りをもち、尊厳と自由のなかで生きる権利を有し、意思決定への参加と社会発展の成果を享受することができるようにすること。そのために、福祉の積極的な実りとしての文化を育み、さらに深い味わいのある文化をつくりだしていく」という「多元主義的な」考え方に基づいているという。

第3章

（1）尊敬するウァルデマール・キッペス氏が主宰するパストラルケアワーカーを育成するNPO法人。パストラル・ケア（pastoral care）というとわかりにくいかもしれないが、キリスト教信者が行うスピリチュアル・ケアのことである。スピリチュアル・ケアについては、本文参照。

（2）村上和夫・阿部博幸（2004）『生きているそれだけで素晴らしい』PHP、PP106-107

（3）帯津良一（2004）『がんに勝った人たちの死生観』主婦の友社、PP86-87

（4）原著にもとづいているため「生命観」が「死生観」にいいかえてある。ほとんど同様の意味で用

いている。また、受容については4章で扱う。

（5）ウァルデマール・キッペス（1999）『スピリチュアル・ケア——病む人とその家族・友人および医療スタッフのための心のケア』サンパウロ、P210

（6）酒井明夫他編集（2010）『生命倫理事典』太陽出版、P380

（7）同上

（8）山崎章郎（2014）「ホスピスケアの目指すもの——ケアタウン小平の取り組み」窪寺俊之編著『愛に基づくスピリチュアルケア——意味と関係の再構築を支える』聖学院大学出版会、P84

（9）山崎章郎（2014）同上、P86

（10）岡本拓也（2014）『誰も教えてくれなかったスピリチュアルケア』医学書院、P15

（11）ワルデマール・キッペス（2012）『心の力を生かすスピリチュアルケア』弓箭書院及び上記岡本等を参考に筆者作成。

（12）ワルデマール・キッペス（2009）『スピリチュアルな痛み』弓箭書院、P127

（13）　あまりに個人的なので、詳しくは述べられないが志賀直哉の『小僧の神様』になぞらえている。5つの心得は、仲村優一監修（1999）『ソーシャルワーク倫理ハンドブック』中央法規、P126

（14）ホールファミリーケア協会（2012）『傾聴ボランティアのすすめ』三省堂、P53

（15）バイスティック（1957）『ケースワークの原則——援助関係を形成する』（尾崎新他訳［1995］）、誠信書房

（16）仲村優一監修、前掲書（1999）、P126

（17）仲村（1999）同書、PP126-127

第4章

（1）筆者の勤める大学では、「学問による人間形成」を標榜している。学問は、目的か手段かということでいえば、あくまでも手段であり、学問を通してさまざまに人間性を陶冶し、人間力を高めることが目的となる。

（2）筆者が、大学院生時代の1978年に文化人類学者、故西江雅之に教わったことで、当時のノートを参考にしているため、正確さを欠いていたらお許しいただきたい。

（3）鈴木荘一（1988）「言語コミュニケーションと非言語コミュニケーション」『医療とことば』中外医学社、P159

（4）ワルデマール・キッペス（2003）『ともに生きる——人間関係とコミュニケーション』サンパウロ、P159

（5）ホールファミリーケア協会編（2004）『傾聴ボランティアのすすめ』三省堂

（6）阿部正和（1988）「ことばによる医療の実際——問診・説明・指導」『医療とことば』中外医学社、P47

（7）中島義明他監修（1999）『心理学辞典』有斐閣、P183

第5章

（1）ジーン・ストリングス＆サリー・クック（1997）『アナザー・シーズン』北代晋一訳、講談社

（2）乙武洋匡（1998）『五体不満足』講談社

（3）三谷嘉明（1991）『精神遅滞者の充実したライフサイクル──自立を促す援助のあり方』明治図書、PP49-56。③の「気づきの段階」は筆者による。

（4）これらのことは、あくまで伯父である筆者の観察による記述だから、当事者のとらえる現実世界とは、異なるものだということをご理解いただきたい。

（5）ベンクト・ニィリエ（1998）『ノーマライゼーションの原理』河東田博他訳、現代書館

（6）ベンクト・ニィリエ、前掲書、P60

（7）私見だが障がい児、とくに知的障がい児をもつ多くの親が同じ希望をもつと思われる。それは、隔離教育の拒否にほかならない。

（8）ベンクト・ニィリエ、前掲書、P89

（9）1990年当時訪問した授産施設でいただいた資料で、筆者が何度か引っ越している間に紛失してしまった。

（10）ベンクト・ニィリエ、前掲書、P145

（11）「特別児童扶養手当等の支給に関する法律　第4条」による。

（12）ベンクト・ニィリエ、前掲書、P64

（13）人と接する仕事には「やさしさ」が必要であることはいうまでもないが、気まぐれのやさしさではなく、哲学的になるが「理性に基づいたやさしさ」を得るためには「科学」の力がいる。ただし、これは私見である。

（14）このことは、2004年11月23日に立教大学で行われた「『福祉文化』とは何かを考える会」（日本福祉文化学会主催）で報告済み。

第6章

（1）厚生労働省（2014）『平成26年度版　高齢社会白書』より。2003年および2012年は、その他を除く数字。

（2）袖山卓也（2004）『頑固ジイさんかかってこんかい！』青春出版社、PP201-202

（3）広井良典（1997）『ケアを問い直す』ちくま叢書

（4）大岡頼光（2004）『なぜ老人を介護するのか──スウェーデンと日本の家との死生観』勁草書房、P66

（5）野口武雄『「生活大国」デンマークの福祉政策──ウェルビーイングが育つ条件』ミネルヴァ書房、PP53-57

（6）外山義（2004）『自宅でない在宅』医学書院

（7）小池直人（1999）『デンマークを探る』風媒社、P134

（8）大熊由紀子（1996.1.11）「元気の出る介護社会を」朝日新聞

（9）松岡洋子（2001）『「老人ホーム」を超えて』クリエイツかもがわ

（10）岡沢憲芙（1996）『スウェーデンを検証する』早稲田大学出版部

（11）三瓶恵子（1994）「女性の社会参加と家庭政策」岡沢憲芙・奥島孝康編『スウェーデンの社会』
早稲田大学出版部

（12）奥村芳孝（2001）「スウェーデン」『世界の社会福祉年鑑2001』旬報社

（13）当時のスウェーディシュ・インスティチュート（原語で Svenska Instituet）は、スウェーデン
政府設立の団体であり、スウェーデン社会についてさまざまな方面から書かれた発行物をさまざま
な言語で提供してくれていた。

（14）奥村芳孝（1995）『スウェーデンの社会福祉最前線』筒井書房

（15）高岡望（2012）『日本はスウェーデンになるべきか』PHP、P130

（16）西下彰俊（2012）『揺れるスウェーデン──高齢者ケア：発展と停滞の交錯』新評論、PP33-34

（17）レスパイトケア（respite care）とは、ケアする人が休息するための利用をいう。かつては「休
息ケア」と訳されたのを目にしたことがある。

（18）http://www.aihw.gov.au/aged-care/residential-and-home-care-2014-15/aged-care-in-australia/
2016/11/6、異なる頁からの引用のため年次が異なっている。

（19）リチャード・F・グローブス、ヘンリエッタ・アン・クラウザー（2009、西野博訳）『実践スピ
リチュアルケア』春秋社、PP18-19

第7章

（1）バンク・ミケルセン（1992）『素顔のノーマライゼーション』ビネバル出版

（2）ゴッフマン（Goffman.E）によれば、スティグマとは「他の人とは異なる属性、それも好ましく
ない属性、欠点、短所、ハンディキャップ」で、「人の信頼を失わせる属性」である。語源は、ギ
リシャ語で「焼き印をつける」意味であるといわれている。犯罪者や逃亡奴隷、反逆者を罰し、忌
むべきものとしての烙印を押し、その人たちを排除したことからきている。

（3）合計特殊出生率は、女性が生涯に産む子ども数。実際には、女性が一人で子どもをつくることは
できないから、一組のカップルから生まれてくる子ども数をいう。2.08人が、静止人口を維持する
数字であることから、人口置き換え水準といわれることがある。

（4）九州家政学総合研究会（1995）『高齢者生活文化の創造──人生100年を生きる』の第1章「高齢
者生活文化のあり方について考える」、第3章「高齢者の経済生活における贈与経済の導入につい
て」など。

（5）Leach, E., 1982, Social Anthropology, Fontana.

（6）五十嵐正紘（1994）「地域医療」、日野原重明・阿部志郎編『クオリティ・オブ・ライフのための
医療と福祉』小林出版

（7）金子勇・松本洸著（1986）『クオリティ・オブ・ライフ』福村出版、P28

（8）柏木哲夫（1997）『死を看取る医学』NHK ライブラリー、P47

（9）社会と関わっていたいという欲求。

(10) 高齢期の QOL 研究会（1991）『豊かなホーム　明日への提言』東京都養育院

(11) 山井和則（1996）「スウェーデンにおける1990年代の高齢者福祉──エーデル改革の内容・背景・その後」生活福祉研究機構『スウェーデンにおける高齢者ケアの改革と実践──保健福祉専門家交流シンポジウム』中央法規、PP136-141

(12) 松村祥子（1993）「生活の質」『現代社会福祉レキシコン』雄山閣出版、P32

第8章

（1）全米ソーシャルワーク協会のものを日本ソーシャルワーカー協会が訳し、定訳としたもの。

（2）社会福祉士法および介護福祉法第2条1項

（3）精神保健福祉法第2条

（4）社会福祉士法および介護福祉士法第2条2項

（5）ア）法定資格（介護福祉士、社会福祉士、精神保健福祉士、医師、歯科医師、薬剤師、保健師、助産師、看護師、准看護師、理学療法士、作業療法士、視能訓練士、義肢装具士、歯科衛生士、言語聴覚士、あん摩マッサージ指圧師、はり師、きゅう師、柔道整復師、栄養士）を所持している者で、5年以上の実務経験を有する者。現状では試験合格者の半数弱は、介護福祉士である。イ）社会福祉主事任用資格、ホームヘルパー2級課程修了、介護職員初任者研修課程修了のいずれかの資格を所持している者で、5年以上の実務経験を有する者。

（6）仲村優一（1988）『現代社会福祉事典』全国社会福祉協議会

（7）前田ケイ（1997）『医療福祉の専門ソーシャルワーク──業務指針の具体的解説』中央法規出版

（8）誠和会（2009）『心のケア──ホスピスレポート』海鳴社、PP127-138

（9）窪寺俊之（2005）「スピリチュアルペインの本質とケアの方法」『緩和ケア9　スピリチュアルペイン』青海社

(10) 仲村優一監修（1999）『ソーシャルワーク倫理ハンドブック』中央法規、P126

(11) 正村公宏、リムナック他（1984）『ネットワーキング』プレジデント

第9章

（1）恒藤暁（1997）『最新緩和医療学』最新医学社、P3

（2）酒井明夫他編（2002）『生命倫理事典』太陽出版、PP219-220

（3）大岩孝司（2010）『がんの最後は痛くない』文藝春秋

（4）柏木哲夫（1997）『死を看取る医学──ホスピスの現場から』NHK ブックス、P13

（5）同上、P29

（6）中島美知子（1991）「癌の痛みと心について」（『街角のホスピスをめざして』暖家の会・西嶋公子編、風人社）

（7）「精神的ケア」とは柏木哲夫（1997）の使い方。「こころのケア」と同義。

（8）高木慶子編著（2012）『グリーフケア入門──悲嘆のさなかにある人を支える』勁草書房、PP6-7

（9）倉嶋厚（2002）『やまない雨はない』文藝春秋、P163

（10）尾角光美（2013）『なくしたものとつながる生き方』サンマーク出版、PP4-5

（11）若林和美（1994）『死別の悲しみを超えて』岩波書店、PP v-vi

（12）http://www.geocities.jp/honmei00/zasugaku/sutoresumagumichuudo.html　2016/11/8

（13）吉田利康（2013）『悲しみを抱きしめて──グリーフケアおことわり』日本評論社、PP134-135

（14）ウォーデン, J. W.,（2011）（山本力監訳）『悲嘆カウンセリング』誠信書房、PP38-54

（15）同上、P39

（16）同上、P46

（17）同上、P47

（18）山本佳代子（2012）「グリーフケアとは」高木慶子編著『グリーフケア入門──悲嘆のさなかにある人を支える』勁草書房

（19）この点で、日本の会社社会は過酷だ。たとえば、配偶者を亡くした働き盛りの男性にゆっくりと悔やみをいう間もなく、逆に、仕事を増やしたりする職場もあると聞く。

（20）グリーフケアについては、本文中にもある通り、不要論もある。しかし、もっとも弱い立場にあるゲストとの接し方こそが「やさしさ」の原点であることから、学ぶ必要がある。また、筆者の経験では1人でも必要とする人がいるなら、しっかりとした提供体制が整っていてほしい。

第10章

（1）西野理子（2008）『社会をはかるためのツール──社会調査入門』学文社、P8

（2）石井一成（2011）『ゼロからわかる大学生のための論文の書き方』ナツメ社、P6

（3）同上、PP66-67、104-105から抜粋。目標規定文については、大島弥生（2005）『ピアで学ぶ大学生の日本語表現──プロセス重視のレポート作成』ひつじ書房、P39

（4）森田達也（2010）「経験したことを伝えていこう　研究論文を書く　第1回〜第4回」『緩和ケア』（Vol.20 No.4-6, Vol.21 No.1）

（5）西野理子（2008）同上、P30

（6）嶋﨑尚子（2008）『社会をとらえるためのルール──社会調査入門』学文社、P29

著者略歴

増子　勝義（ますこ　かつよし）

1986 年　早稲田大学大学院文学研究科
　　　　　博士後期課程社会学専攻満期退学
1991-1995 年　（社）福祉社会研究所　主任研究員
1995 年　城西国際大学　国際文化教育センター研究員
1996-1999 年　同大学　人文学部専任講師
2000-2003 年　同大学　人文学部助教授
2004-2005、2013 年 -　同大学　福祉総合学部教授
2006-2013 年　同大学　観光学部教授
2010-2016 年　同大学大学院　福祉総合学研究科長

専　　攻　福祉文化論、比較福祉論

著　　書　『福祉文化の研究』（北樹出版）（単著）
　　　　　『社会福祉・社会保障事典』（旬報社）（共著）
　　　　　『新世紀の家族さがし』（学文社）（編著）
　　　　　『福祉文化の創造』（北樹出版）（単著）
　　　　　『世界の社会福祉年鑑 2003〜2006、2008、2010』（旬報社）（共著）
　　　　　『新世紀の家族づくり』（学文社）（編著）

福祉文化の協奏

2017 年 4 月 20 日初版第 1 刷発行

著　者　増　子　勝　義
発行者　木　村　哲　也

定価はカバーに表示　　　印刷　シナノ印刷／製本　新里製本

発行所　株式会社 北 樹 出 版

URL：http://www.hokuju.jp
〒 153-0061　東京都目黒区中目黒 1-2-6
電話（03）3715-1525（代表）　FAX（03）5720-1488